Walter Böckmann
Vom Sinn zum Gewinn

Walter Böckmann

VOM SINN ZUM GEWINN

Eine Denkschule für Manager

GABLER

CIP-Titelaufnahme der Deutschen Bibliothek

Böckmann, Walter:
Vom Sinn zum Gewinn : Eine Denkschule für Manager /
Walter Böckmann. – Wiesbaden : Gabler, 1990

Der Gabler Verlag ist ein Unternehmen der Verlagsgruppe Bertelsmann International.

© Betriebswirtschaftlicher Verlag Dr. Th. Gabler GmbH, Wiesbaden 1990
Lektorat: Ulrike M. Vetter

Softcover reprint of the hardcover 1st edition 1990

Umschlaggestaltung: Schrimpf und Partner, Wiesbaden
Satz: SATZPUNKT, Ursula Ewert, Braunschweig

ISBN-13: 978-3-409-19125-8   e-ISBN-13: 978-3-322-87618-8
DOI: 10.1007/978-3-322-87618-8

„Vom Sinn zum Gewinn"
ist die Kurzformel für das unternehmerische Denken überhaupt.

Sie betrifft alle Bereiche unternehmerischer Initiative:

– die Aufgaben der Unternehmens-Leitung mit ihren Aktivitäten gegenüber dem Markt und gegenüber der organisatorisch-technischen Innenorganisation des Unternehmens ebenso
– wie den Bereich der Unternehmens-Führung mit seinem Aufbau der zwischenmenschlichen Beziehungen und der Strukturierung der Zusammenarbeit im Unternehmen, sprich: der Mitarbeiter-Führung.

Diese Formel steht als umfassendes Konzept sowohl für eine besondere Begrifflichkeit wie eine spezifische Systematik des Denkens:

Ausgehend von der kritischen Kontrolle unserer Wahrnehmung mit ihrem subjektiven, gewohnheitsmäßigen und induzierten Fehlerquellen, den wohl häufigsten Ursachen von Fehleinschätzungen und Fehlentscheidungen (Teil I), folgt SINN-GEWINN-Denken einem klar erkennbaren Prinzip:

Für jede spezifische Form des Planens und Konzipierens (wie Strategie und Taktik) ist ein besonderer Anwendungsbereich typisch, dessen genaue Beachtung wesentliche Voraussetzung für den Erfolg ist.

Da wirtschaftliches Handeln viel weniger auf Logik als auf Psycho-Logik beruht, sind wir auf psychologisch richtiges Denken und Problemlösen angewiesen. Dabei kann vor allem das paradoxe Denken interessante Hinweise liefern.

Im Rahmen der vorliegenden Systematik enthüllen darüber hinaus landläufig scheinbar so selbstverständliche Begriffe wie ‚Sinn' und ‚Gewinn' noch ihren ganz besonderen Gehalt:

Was Sinn tatsächlich bedeutet – und das ist nicht zuletzt für die Lösung von Motivationsproblemen in der Mitarbeiterführung wichtig –, zeigt sich erst in der kritischen Gegenüberstellung zum scheinbar ebenso selbstverständlich wie meist unreflektiert verwendeten Zweck-Begriff. Aber auch im ‚Gewinn' steckt mehr und anderes als bloßer ‚Gewinn nach Steuern'.

So führt uns sinn-orientiertes Denken zu mancherlei Gewinn: logisch, psychologisch, systematisch. Denken ist ja nichts anderes als vorweggenommenes Handeln. Im Gegensatz zum Tier braucht der Mensch jedoch nicht alle Erfahrungen erst zu ‚machen', er kann sie bereits als Denkmöglichkeiten vorwegnehmen und seine Wahl zwischen unterschiedlich aussichtsreichen Alternativen treffen – vorausgesetzt er denkt in sinnvollen Zusammenhängen.

Obwohl vor allem nach Rezepten verlangt wird – als Handlungsanweisungen für diejenigen, die nicht selbst nachdenken wollen oder können –, soll es hier um Konzepte gehen als jene Form des Denkens, die es dem einzelnen ermöglicht, seine Probleme auf *seine* Weise zu lösen. Das heißt jedoch nicht ‚in egoistischer Weise'. Wir gehen hier ja vom SINN aus, und sinn-orientiertes Handeln berücksichtigt immer auch die Sinn-Bedürfnisse ‚der anderen'.

Das vorliegende Buch handelt vom Denken. Dabei betrachten wir Situationen und Verhaltensweisen im Hinblick auf das *Mögliche*, genauer gesagt auf das *Wahrscheinliche*, um dieses dann auf das *Sinnhafte* zurückzuführen. Das Verstehen dieses Sinnhaften wird damit zum Schlüssel eines neuen Konzeptdenkens, das eine Vielzahl von Problemlösungen in einem „Denken von den anderen her" bietet: Konfrontation und rücksichtslose Konkurrenz erweisen sich dabei als vordergründig und kurzsichtig, während Kooperation und sinnvoller Wettbewerb als Ringen um die Bestlösung die Stragien langer Reichweite sind.

Um ein Wort von Rosa Luxemburg über die Freiheit abzuwandeln: SINN IST IMMER AUCH DER SINN DER ANDEREN, und nur auf diese Weise führt der Weg ‚vom Sinn zum Gewinn'.

Bielefeld, im Februar 1990   *Dr. Walter Böckmann*

Inhalt

Teil III:
Über Sinn-Orientierung in der Mitarbeiter-Führung

Teil IV:
Über Sinn und Gewinn im unternehmerischen und
individuellen Denken

Teil I:

Über sinn-orientiertes Denken

1. Über den grundlegenden Unterschied von Sinn und Zweck

Sinn und Zweck werden im deutschen Sprachgebrauch meist in einem Atemzug genannt, so wie wir auch ‚Stumpf und Stiel' oder ‚Haut und Haar' sagen. Damit verbinden wir ohne groß darüber nachzudenken einmal die Vorstellung, daß diese beiden Begriffe inhaltlich dicht beieinanderliegen, und zum anderen meinen wir, damit nun ‚aber auch alles' gesagt zu haben. Bei den Begriffen Sinn und Zweck sollten wir jedoch stärker differenzieren. Auch wenn es sich bei näherer Betrachtung – vor allem im Rahmen unseres Themas – nur um unterschiedliche Aspekte ein und derselben Sache zu handeln scheint, ist dieser Unterschied doch erheblich. Das wird sehr rasch deutlich, wenn wir uns die Frage vorlegen, was wohl der Sinn eines Unternehmens sei und was es dabei mit den Zwecken auf sich habe.

Betrachten wir ein beliebiges Unternehmen, zum Beispiel ein Automobilwerk. Dieses Unternehmen hat einen ZWECK: es stellt Kraftfahrzeuge her, wie eine Pharmafirma Medikamente oder eine Kartonagenfabrik Kartonagen. Übertragen auf die Bundespost würde deren Zweck im Transportieren von Briefen oder Paketen oder in dem Betrieb von Fernmeldeanlagen liegen, und der Zweck der Bundeswehr wäre es schließlich, aus Zivilisten Soldaten und aus Soldaten kampfkräftige militärische Einheiten zu machen.

Was aber wäre demgegenüber der Sinn dieser Institutionen? Wann hätten wir den Eindruck, daß die genannten Zwecke auch noch sinnvoll wären?

Gerade die Diskussionen der letzten Jahre haben gezeigt, daß es bei aller hochentwickelten Technik und einer unbestrittenen Zweckmäßigkeit unserer wirtschaftlichen wie staatlichen Einrichtungen doch mit dem Sinnhaften vielfach zu hapern scheint. Wenn Medikamente mehr schaden als nützen, wenn eine teure Bundeswehr plötzlich in Frage gestellt wird, weil auf einmal die Bedrohung nicht mehr als realistisch gilt, wenn Urteile – ganz gleich ob zu hart oder zu weich – als nicht mehr zeitgemäß und damit auch als nicht mehr gerecht empfunden werden oder mancher meint, die Autos seien zu umweltfeindlich – dann wird deutlich, daß hier

nicht die ZWECK-mäßigkeit aller dieser Einrichtungen oder Produkte in Frage gestellt wird, sondern deren Sinn.
Was also ist unterscheidet den Sinn von dem Zweck?

Sinn setzt immer zweierlei voraus: einmal etwas, das sinnvoll ist, und zum anderen jemanden oder etwas, *für den* oder für das etwas sinnvoll ist.
Für einen Geschäftsmann ist ein Auto eine sinnvolle Sache, für einen Umweltschützer möglicherweise nicht; für einen obsiegenden Kläger ist ein Gerichtsurteil sinnvoll, für den unterliegenden Beklagten vermutlich nicht, denn recht haben und recht bekommen ist nicht immer dasselbe.

Bei alledem kommt es also nicht darauf an, ob etwas objektiv sinnvoll ist, entscheidend ist allein die – aus *Sicht der Betroffenen* – *subjektive und situationsabhängige Einschätzung* der Dinge.

Sinn ist immer individuell und situativ. Was gestern sinnvoll war, kann heute sinnlos sein ; was der eine für sinnvoll hält, ist für den anderen das genaue Gegenteil. Sinn ist immer eine ,Sache' der ganz persönlichen Sicht – manchmal der Einsicht, manchmal auch der bloßen Draufsicht ohne Einsicht und manchmal auch der Fehlsicht. Sinnhaftigkeit hat nichts mit objektiver Richtigkeit und schon gar nichts mit der ,Wahrheit' zu tun, nach der die Philosophen seit Jahrtausenden fahnden; Sinnhaftes ist von sich aus weder gut noch böse, weder moralisch noch unmoralisch – Sinn kann die Mafia (aus der Sicht der Angehörigen) ebenso haben wie das Rote Kreuz (nicht nur aus der Sicht seiner Mitglieder).

Sinn haftet nicht an den Objekten und ist deshalb auch nichts Objektives. Nicht ,das Auto' hat Sinn oder nicht: der Sinn liegt vielmehr in der Beziehung zwischen dem jeweiligen Objekt und seinen Einschätzern – den Geschäftsleuten und den besagten Umweltschützern. Ein jeder kann nur für sich selbst *seine* ganz persönliche Beziehung zu einem solchen Gegenüber herstellen. Aus diesem Grunde kann man Sinn auch nicht verordnen oder liefern –, sondern jeder einzelne kann nur für sich selbst und aus seiner ganz persönlichen Sicht der Dinge Sinn in den verschiedenen Lebenssituationen suchen und verwirklichen.

Wenn wir schon der Meinung sind, daß sich über Geschmack nicht streiten ließe: über Sinn schon gar nicht. ,Wat dem einen sin Uhl, ist dem anderen sin Nachtigall' …

Dabei ist Sinn keinesfalls etwas Abstraktes oder Theoretisches, sondern etwas ausgesprochen Praktisches und gerade im Bereich des wirtschaftlichen Handelns auch etwas konkret zu Verwirklichendes.

Fragen wir uns, unter welchem Begriff sich alle diese sinnhaften Beziehungen, von denen zuvor die Rede war, zusammenfassen ließen: die Beziehung, in der ein Pharmaunternehmen zu der Öffentlichkeit, die Bundeswehr zum Staat, die Automobilfirma zur Wirtschaft insgesamt und die Post zu ihren Kunden steht, so läßt sich sagen, daß wir es hier in jedem einzelnen Fall mit einer *Dienstleistung* zu tun haben.

Damit fußen wir zugleich auf einem Begriffsverständnis, das wir auch in der heute so viel diskutierten Systemtheorie, insbesondere in der Theorie sozialer Systeme, antreffen.

Unternehmen wie andere gesellschaftliche Einrichtungen lassen sich als ‚soziale Systeme‘ begreifen. Sie haben Grenzen, die das Innen vom Außen trennen, und weisen jeweils eine charakteristische Binnenstruktur auf, deren einzelne Teile durch system-adäquate Funktionen aufeinander einwirken.

Innerhalb dieser Systeme werden sogenannte ZWECKE erfüllt, während der SINN dieser Systeme insgesamt darin besteht, gegenüber ihren jeweils übergeordneten Systemen, also gegenüber der Außen-Umwelt, eine Dienstleistung zu erbringen:
Die Post ermöglicht Kommunikation, die Bahn Personen- und Güterverkehr, die Bundeswehr äußere Sicherheit, ein Automobilwerk leistet einen Beitrag zur individuellen räumlichen Freizügigkeit und damit zu einer Freiheit eigener Art und die Pharmafirma einen Beitrag zur Gesundheitsfürsorge.
Zur Verwirklichung des jeweiligen Sinns werden in den verschiedenen Systemen bestimmte Zwecke erfüllt: So wird geforscht und entwickelt, produziert, ausgebildet, verwaltet, verkauft und anderes mehr.
Der Zweck ist somit das Mittel zum Sinn.

In Abbildung 1 (Seite 16) sind soziale Systeme schematisch dargestellt.

Eine Voraussetzung für die Zweck-Erfüllung wie die (davon abhängige) Sinn-Verwirklichung des Systems ist einmal dessen (Über-)Lebensfähigkeit. Das Kapital stellt dabei lediglich ein Hilfsmittel dar. Es ist gegebenenfalls mietbar (Kredit), während der finanzielle Erlös (Gewinn im en-

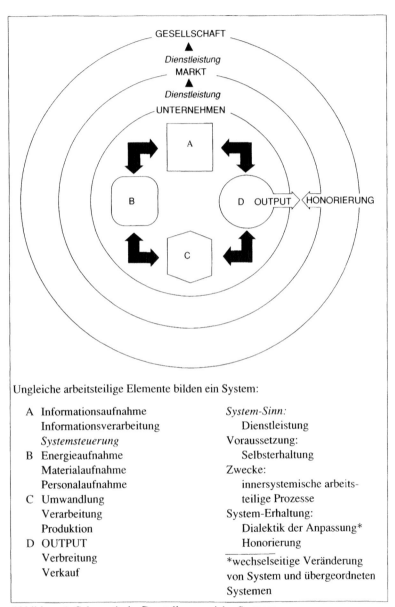

Ungleiche arbeitsteilige Elemente bilden ein System:

A Informationsaufnahme
  Informationsverarbeitung
  Systemsteuerung
B Energieaufnahme
  Materialaufnahme
  Personalaufnahme
C Umwandlung
  Verarbeitung
  Produktion
D OUTPUT
  Verbreitung
  Verkauf

System-Sinn:
  Dienstleistung
Voraussetzung:
  Selbsterhaltung
Zwecke:
  innersystemische arbeits-
  teilige Prozesse
System-Erhaltung:
  Dialektik der Anpassung*
  Honorierung

*wechselseitige Veränderung
von System und übergeordneten
Systemen

Abbildung 1: Schematische Darstellung sozialer Systeme

geren Sinne) den Maßstab dafür abgibt, ob und in welchem Maße das System materiell von seiner Umwelt auch honoriert – mit anderen Worten: ob sein Dienstleistungsangebot auch angenommen – wird. Die viel beredete Kapital-Akkumulation ist also weder der Sinn des Wirtschaftens noch dessen Zweck, sondern lediglich ein – wenn auch sehr aussagekräftiges – *Indiz* für die Effektivität des unternehmerischen Handelns.

Nur dann, wenn die Dienstleistung beispielsweise des Systems ‚Unternehmen' auch angemessen honoriert wird, kann darauf geschlossen werden, daß sie auch aus der Sicht des übergeordneten Systems ‚Markt' sinnvoll ist und damit natürlich auch für das dienstleistende System selbst, das ja seine Produkte (und Produkte hier immer auch als Dienstleistungen) nicht um seiner selbst willen auf den Markt bringt, denn es lebt sowohl *für* diesen wie *von* diesem Markt. Wird eine Dienstleistung – und somit ihr Sinn – indessen zweifelhaft, so ist auch die Honorierung in Frage gestellt und das ‚soziale System' – ob Unternehmen oder staatliche Einrichtung – in seiner Existenz bedroht.

Wenn die Kirchen Schwierigkeiten haben, auf ihren traditionellen Wegen Transzendenz zu vermitteln, verstärken sie ihre – unbestrittenen und gesellschaftlich akzeptierten – karitativen Aufgaben, sie geben sich einen abgewandelten Sinn. Die Bundeswehr könnte eines Tages auf diese Weise zur technischen Nothilfe avancieren und eine erfolglose Pharmafirma zur Bonbonfabrik. Wichtig ist bei solchen ‚Umstrukturierungen', daß die neue Lösung der ursprünglichen möglichst nahekommt, was allein schon durch das angestammte Know-how bedingt wird. Auch berufliche Veränderungen können auf diese Weise einen – von der Umwelt wieder honorierten – neuen Sinn finden. So wird der Boxer Bodyguard, der Künstler vielleicht Kunsthändler und der pensionierte Kriminalkommissar Privatdetektiv, während der ehemals Selbständige lieber mit Hilfe der Sozialfürsorge vor sich hin ‚hungert', als daß er sich in eine für ihn sinnlose Abhängigkeit begäbe.

Gefährlich wird es, wenn aus der Sicht des Systems ein Zweck zum Selbstzweck wird. So hatte der einstmals anerkannte Automobilkonstrukteur Borgward in Bremen den SINN seines Lebens darin gefunden, Automobile zu konstruieren – aus der Sicht des Unternehmens ‚Borgward' war dies jedoch nur ein ZWECK neben anderen wie dem Produzieren und Verkaufen. Der Konstrukteur Borgward hatte schließlich eine Typenpalette geschaffen, die zwar seine persönlichen Fähigkeiten demonstrierte, aber vom Markt nicht mehr akzeptiert = honoriert wurde. Der Sinn des Konstrukeurs – aus der Sicht des Unternehmens ein Zweck – war somit zum Selbstzweck des Unternehmens geworden: die Firma verschwand vom Markt, mochte sie hausintern auch noch so zweckmäßig organisiert gewesen sein.

Gehen wir mit Hilfe des Sinn- wie des Zweckbegriffes an die unterschiedlichen Vorgänge im Bereich des wirtschaftlichen Handelns heran, werden sich vielfältig klärende Einblicke und Einsichten ergeben. So wird sich im folgenden das ,strategische Denken' vor allem als eine sinnorientierte Methode erweisen, während wir im ,taktischen Denken' vorwiegend eine Zweck-Orientierung erkennen werden. Der Unterschied ist nicht nur ein semantischer, sondern ein höchst bedeutsamer im Sinne des hierarchischen Denkens wie der praktischen Vorgehensweise: Wenn die Sinn-Verwirklichung eines Unternehmens – ihre Dienstleistung – und deren gesellschaftliche/marktwirtschaftliche Akzeptanz darüber entscheiden, ob die innerbetrieblichen Zwecke, so wie sie jeweils praktiziert werden, überhaupt gerechtfertigt erscheinen, stellt sich *das Sinn-Kriterium als übergeordnet und letztentscheidend* dar. Eine vielfach in den Unternehmen noch immer anzutreffende Zweckbezogenheit, ja Zweckbesessenheit, die in der nicht gerade seltenen Dominanz des einen Zweckbereiches (oder -bereichsleiters!) über den anderen zum Ausdruck kommt, erhält somit ihr eindeutiges und letztentscheidendes Kriterium: den SINN des Unternehmens als Dienstleistung und deren Akzeptanz auf dem Markt. Nicht produzieren, was man gern produzieren möchte oder auch besser kann als andere, sondern was am dringendsten gebraucht wird, Marketing als strategisch-richtungweisendes Denken und oberste Richtschnur in einem Unternehmen. Auf die hierarchische Strukturierung eines sozialen Systems sollte dies von größtem Einfluß sein.

Von nicht minderer Bedeutung ist dieser Ansatz für die Unterscheidung von Führung und Leitung (siehe Seite 99). Das Sinn-/Zweck-Denken schafft nicht nur begriffliche und konzeptionelle Klarheit, sondern läßt uns auch im Bereich des Führens zu den tatsächlichen Auslösern motivationaler Energien vorstoßen. Denn *die Motivation kommt vom Sinn* und nicht von irgendwelchen Zwecken.

Sinnvolle Herausforderungen – für den einzelnen wie für ganze Unternehmen und Institutionen – als sinnvoll erbrachte und angemessen honorierte Dienstleistung bilden nicht nur das Fundament des individuellen, sondern auch des wirtschaftlichen Lebens. Honorierung dabei auch in der ursprünglichen Bedeutung des Wortes (lateinisch honor = Ehre) nicht nur als Be-zahlung, sondern als Be-Ehrung, Anerkennung, Wertschätzung. Auch das ist im besten Sinne überlebenswichtig, für den einzelnen wie für ein ganzes Unternehmen. Darum ist es nicht nur dumm, sondern geradezu kriminell, unzufriedenen oder unerfüllten Leuten das Märchen vom Aussteigen vorzugaukeln. Nur dann, wenn das Aussteigen zu einem neuen Einsteigen, zu einem neuen Engagement führt, ist es sinnvoll, dann aber liegt der Sinn nicht im Aus-, sondern im Einsteigen.

Sinn-Erfüllung kann man genausowenig er-zielen, wie man nicht auf Kommando glücklich sein kann, Sinnerfüllung kann immer nur erfolgen, als Folge einer Verwirklichung von Werten (Frankl)[1]. Dafür muß man also schon etwas tun, aktiv, handelnd; auch Meditieren – so hilfreich das manchmal sein kann – ist dazu keine ausreichende Methode.

„Ich schlief und träumte, das Leben sei Freude; ich erwachte und sah, das Leben war Pflicht, ich arbeitete und sah, die Pflicht war Freude."
(Rabindranath Tagore)
Das ist nicht die Weisheit von gestern, sondern die von gestern, heute und morgen.

2. Wahrnehmen – Bewerten – Entscheiden

Hierarchie der Psycho-Logik

Lassen Sie uns die folgende Darstellung mit ein paar anthropologischen Überlegungen beginnen. Der entscheidende Bereich, in dem sich unser Wahrnehmen und Denken abspielt, ist das Bewußtsein. Wie alle anthropologischen Phänomene hat es sich nicht irgendwann in einem ‚Augenblick' der Evolution blitzartig entzündet, sondern über lange Zeiträume und Stufungen entwickelt. So bezeichnen wir bei den höheren Tieren als Vorstufe ein ‚Vorbewußtsein', das dann allmählich in ein Ich-Bewußtsein und schließlich in ein Selbstbewußtsein übergeht. Die Übergänge sind dabei offenbar feiner abgestuft, als wir im allgemeinen annehmen. Wenn ein Lebewesen sich bereits als ‚ein anderes' erkennt, ist es dem Ich-Bewußtsein schon sehr nahe, ganz gleich ob es dem in Lautäußerung, Mimik oder Gestik Ausdruck geben kann oder nicht. Allein die Tatsache, daß sich ein Hund zum Beispiel aus einer Hundebalgerei heraus mit Namen heranrufen läßt, deutet darauf hin, daß sich speziell dieser Hund angesprochen fühlt, ohne daß gleich das ganze Rudel angetollt kommt. Dem Hund muß man also zumindest eine Art von individuellen ‚Ich'-Bewußtsein als *Antwort-Bewußtsein* zubilligen, denn der Hund registriert offenbar, daß er und kein anderer gemeint ist.

Was aber auch der besterzogene Hund nicht zeigt, ist *Verantwortungsbewußtsein,* denn dieses setzt Selbst-Bewußtsein voraus: nicht nur wissen, daß man ‚ein anderer' ist, sondern auch daß man ‚anders' ist als die anderen. Die spezifische Erfahrung dieses ‚Anderssein' ist dann das, was wir ‚Selbst'-Erfahrung nennen.

Solange sich ein lebendes Wesen noch im Bereich des programmierten Verhaltens (Instinkt), des vorbewußten Denkens bewegt, ist es noch nicht frei in der Verfügung über seinen Wahrnehmungsapparat. Zwar erfolgt jegliche Form der Wahrnehmung völlig selbständig und ohne das Dazutun des betreffenden Individuums. Bewußtsein ist schließlich nichts anderes als eine ununterbrochene Kette von Bewußtseins-Inhalten: Bewußtheiten. Aber der Mensch hat die Möglichkeit, sich willentlich auf ganz bestimmte äußere oder innere Bilder einzustellen, sich zu konzentrieren, das Tier nicht. Der Mensch kann, wenn er will, ‚bei der Sache‘ bleiben oder seine Aufmerksamkeit auf andere Objekte lenken. Der Mensch denkt, *das Tier ‚wird gedacht‘*, und zwar von seinen angeborenen Steuerungsmechanismen.

Für den Menschen ist die Freiheit des selbst-bewußtenWahrnehmens und Denkens Chance und Aufgabe zugleich. Denn freie und willentliche Verfügung über unseren Denkapparat bedeutet noch nicht, daß wir automatisch einen erfolgreichen Gebrauch davon machen. Im Gegenteil: wir müssen uns immer wieder freimachen von den noch immer – ob wir wollen oder nicht – in uns hineindirigierenden Einflüssen unserer Instinkte. Deshalb kommen wir nicht darum herum, uns ständig die vielfältigen Ansätze und Mechanismen unserer Denkprozesse vor Augen führen, für die jeweiligen Lebensaufgaben die bestgeeigneten auszuwählen und in der systematisch richtigen Weise zur Anwendung bringen.

Systematisch richtig heißt: in der hierarchischen Ordnung einer Psycho-Logik, die dem Wesen des Menschen und seinem ‚psychischen System‘ entspricht. Dieses Sich-Bewußtmachen des Systemischen hat Konsequenzen: nämlich die Beachtung jener Voraussetzungen des Wahrnehmens, Bewertens und Entscheidens, auf denen menschliches Miteinander beruht. Das hat uns zuvor zu der Differenzierung von Sinn und Zweck im menschlichen Denken geführt und nötigt uns, im folgenden *hierarchisch z*u verfahren, also in Abhängigkeiten zu denken: Was ist Ursache, was ist Wirkung – welcher Denkansatz bedingt welchen anderen, hebt welchen anderen auf oder beruht auf welchem anderen? Dabei spiegelt die manchmal nur schwer erkennbare Regelhaftigkeit dieser Prozesse das noch immer andauernde Wechselspiel von Emotion und Kognition wider, von Instinkt und Ratio, das unser Denken und Entscheiden nicht selten zu einer Herausforderung und einem Abenteuer zugleich macht.

Die Kalamität der ausschnittsweisen Wahrnehmung

Eine Vielzahl von Handlungsfehlern beruht weniger auf falschen Entscheidungen als auf gestörten oder verzerrten Wahrnehmungen und deren Bewertung. Heißt dies, daß es um unsere ‚objektive‘ Wahrnehmung so gut gar nicht bestellt ist? In der Tat!

Nun wollen wir hier nicht davon ausgehen, daß jemand farbenblind sei oder schwerhörig – aber wir begehen sehr häufig den Fehler, uns bei der Beurteilung einer Lage nicht klar zu machen, daß wir stets nur Ausschnitte des uns an sich Zugänglichen wahrnehmen. Was sich oft bei der Wahrnehmung als verhängnisvoll erweist, ist unsere Voreingenommenheit. Wir nehmen nicht nur wahr, was wir wahrnehmen ‚wollen'; dessen würden wir uns in Anbetracht möglicherweise einsetzender Unlustgefühle von der Selbstkritik bis zum schlechten Gewissen vielleicht noch rechtzeitig bewußt werden. Gefährlicher ist die Tatsache, daß unser Gehirn uns bei nahezu jedem Ereignis auf dem inneren Monitor gleich eine ganze Erinnerungsskala und Assoziationskette präsentiert, so daß wir schon ganz im Banne dieser Vorstellungen stehen, ehe wir noch über das Ereignis selbst unvoreingenommen nachdenken konnten.

Da kommt irgendein Zeitgenosse auf uns zu, und schon sind wir mißtrauisch, weil er ‚so aussieht wie' irgend jemand, vor dem uns unser Erinnerungs-Service warnt; da geraten wir bei einem männlichen oder weiblichen Wesen in Ekstase, bloß weil der oder die Betreffende das Muster unserer Schlüsselreize aktiviert, auf das wir von der Natur programmiert worden sind. Für andere oder anderes haben wir in diesem Augenblick weder Auge noch Ohr.

Auch bei einem neuen Vorhaben ist das nicht anders: Der Plan in uns nimmt rasch mehr und mehr Gestalt an und erfüllt uns wenig später ganz, so daß wir für nichts anderes mehr zu haben sind. Ähnlich ist es, wenn zwei etwas gemeinsam ausbrüten. Man redet sich gegenseitig etwas ein. Das ist auch dann der Fall, wenn die beiden unterschiedlicher Meinung sind. Jeder hört nur auf *sein* eigenes Argument. Dabei verfügen beide durchaus über dieselben Informationen – aber jeder bewertet sie anders, wie sie eben durch Instinkt und persönliche Erfahrungen, durch Vorlieben und Vorbehalte in ihm angelegt sind: gespeichert im ‚Gedächtnis der Art', wie der Instinkt auch genannt wird, oder im Langzeitgedächtnis, das die Emotionen, unter denen diese Eindrücke gesammelt worden sind, ebenso mitspeichert, wie ein Buchhalter nicht nur die Rechnungseingänge registriert, sondern auch das Wann und Wo und damit die Zahlungsmoral seiner Kunden.

Ehe eine Information über das Nervensystem die Großhirnrinde erreicht, um dort der rationalen Kontrolle unterworfen zu werden, hat dieser Reiz schon das Zwischenhirn mit dem limbischen System passiert, wo es mit entsprechenden Emotionen befrachtet wird. Bevor wir angefangen haben zu denken, haben wir bereits angefangen zu fühlen. So ist auch all das, was uns unser Gehirn-Service als Erinnerung oder Assoziation anbietet, immer schon mit Gefühlen befrachtet, gegen die wir nur mit äußerster Anstrengung an-denken könnten – wenn wir dies überhaupt wollen.

Der Sinn dieser Abläufe, die seit Jahrmillionen als Ausstattung der Evolution in uns wirksam ist, leuchtet ein: Sie entlasten uns von Entscheidungen, vor allem dann, wenn's brennt. Die Gefühle nehmen die Entscheidungen bereits voraus. In besonderen Situationen kann ein Gefühl sogar gegen vielerlei rationale Erkenntnisse mobil machen, und die Betreffenden (weniger die Betroffenen!) sind meist auch noch ganz stolz auf ihr sogenanntes, meist ‚untrüglich' genanntes Gefühl: So hat zum Beispiel eine Marketingabteilung in wochenlangerArbeit die Unterlagen für eine neue Verkaufsaktion zusammengestellt und entscheidungsreif präsentiert – aber der Chef sagt nein. Oder in einem Ministerium: Die Gutachten aller Fachleute raten ab, doch der Minister sagt ‚trotzdem'!

Was bedeutet dies: Wahrnehmung – und Gefühle sind ein wichtiger Teil davon – ist immer selektiv, sie sondert aus, sie reduziert Komplexität, Wirklichkeit, auf einen meist sehr subjektiven Ausschnitt, von dem man noch nicht einmal immer sagen könnte, warum dieser Ausschnitt so und nicht anders aussieht. Wir können diese Begleit‚musik' der Gefühle auch nicht einfach als ‚Intuition' mystifizieren, denn mit einem ‚unbewußten' Entscheiden hat das nichts zu tun.

Diese Abläufe in unserem Wahrnehmungsapparat sind älter als der ‚Augenblick', in dem der Mensch beim Aufleuchten des Seiner-selbst-Bewußtseins die Schwelle vom Menschenaffen zum Affenmenschen durchschritt. Aber heute können sich diese Abläufe auch gegen ihn kehren. Wir leben nicht mehr in einer Instinktwelt, in der ausschließlich Gefühle registriert werden und nach Gefühlsimpulsen reagiert wird. Heute *müssen* wir uns in vielerlei Situationen gegen unser Gefühl wehren, weil unsere ausschnittsweise Betrachtung der Dinge einfach nicht mehr ausreicht, um einem komplexen Sachverhalt gerecht zu werden. In anderen Situationen wiederum dürfen wir dies jedoch *nicht!*

Fragen Sie jetzt bitte nicht: in welchen; Niemand wird darauf eine definitive Antwort geben können. Anfangs hatten wir schon einmal gesagt: Was gestern sinnvoll war, kann heute sinnlos sein. So ist es hier auch: Die immer noch in uns wirkende Instinktsteuerung ist heute eben nicht mehr ‚selbstverständlich'. Ein Mensch kann sich nicht mehr als instinkthaftes Wesen selbst-verstehen (und noch darauf stolz sein). Ein noch so ‚gutes' oder noch so ‚schlechtes' Gefühl bei einer Sache befreit uns nicht von der Verantwortung zur rationalen Kontrolle, zur wohlüberlegten Entscheidung. Wir können uns weder einseitig auf unseren Instinkt noch auf unsere Ratio, weder auf die Meinung der vielen noch auf das Urteil eines einzigen – und sei er auch noch so kompetent – verlassen. Einzelne, auch große einzelne, haben immer wieder geirrt, ‚die ganze Welt' hat geirrt. Bis Giordano Bruno hat ‚die ganze Welt' geglaubt, die Erde drehe sich um die Sonne, selbst heute noch glauben Hunderttausende wieder an einen leibhaftigen Teufel, und große Unternehmen lassen sich wie ägyptische Pharaonen das Horoskop stellen…

Wir sind demgegenüber auf unseren Verstand verwiesen und auf die Kopfwerkzeuge, die er sich geschaffen hat – und wenn unsere ganz persönliche Entscheidung aufgerufen ist, dann sollte unser Gewissen das letzte Wort haben.

Das Wahrnehmen von Beziehungen und Gestalten

Unser Denken in Zusammenhängen beruht auf der angeborenen Fähigkeit, weniger Details als Konfigurationen, weniger Einzelheiten als *Zusammenhänge* wahrzunehmen. Wir schauen durch eine offene Tür und erblicken nicht nur Stühle, einen Tisch, Gläser, Blumen, Gardinen, Schüsseln, Messer, Gabeln, sondern ‚einen gedeckten Tisch', möglichst gar ein ‚Eßzimmer' – dementsprechend auch eine ‚Werkstatt', eine ‚Gefängniszelle', ein ‚Krankenhauszimmer'. Eine Menschen‚menge' erkennen wir nicht nur als bloße Ansammlung, sondern wir unterscheiden schon auf einen Blick eine Trauergesellschaft von einer Hochzeitsgesellschaft, einen Gesangverein von einem Kegelklub, eine Parteiversammlung von einer Kirchengemeinde. Haben wir uns verirrt, dann kann uns unter Umständen auch einmal ein herausragendes Detail – im Wald vielleicht ein verkrüppelter Baum, in der Stadt ein auffälliges Haus oder eine

Inschrift – zur Orientierung verhelfen, im allgemeinen aber sind es typische Konfigurationen von Einzelelementen, *Gestalten,* die uns komplex ins Auge gefallen und unsere Erinnerung prägen.

Verfügten wir nicht über die Fähigkeit zum Gestalt-Sehen und müßten wir den Zusammenhang zwischen bestimmten Elementen unserer Umwelt – ob in Muße- oder Gefahrensituationen – erst zu solchen sinnvollen ‚Gestalten' komponieren – denn Sinn haben nur solche ‚Gestalten', nicht die einzelnen Elemente, aus denen sie bestehen –, wäre es um die Effektivität unseres Handelns und damit wohl auch um unsere Überlebensfähigkeit geschehen.

Zuvor hatten wir gesagt, der Sinn ‚sozialer Systeme' sei Dienstleistung. Auch der Sinn des Gestalt-Sehens als komplexe Information, als Zusammenfassung von Details zu einer aussagefähigen Gestalt ist eine Dienstleistung unseres psychischen Systems. Denn nicht nur die Motivation, auch die Erkenntnis kommt erst mit dem Sinn eines Zusammenhangs. Sinn braucht zu seiner Definierung jeweils einen spezifischen Bezugsrahmen. Sinn im Zeichen der frühevolutionären Instinktsteuerung war das bloße reagierende Überleben der Arten und die Fortentwicklung nach einem Reiz-Reaktions-Schema. Sinn heute, im Zeichen des menschlichen Selbstbewußtseins, ist Aktio und selbstverantwortliche Zukunftsplanung: bewußter und reflektierter Einsatz aller uns zur Verfügung stehenden Erkenntnis- und Entscheidungsmöglichkeiten.

Sorge – Angst – Furcht: Warnsignale als Gefahren-Auslöser

Entscheidungen aller Art und gerade wirtschaftliche Entscheidungen werden nicht selten deshalb negativ beeinflußt, weil mit ihnen Bedenken, Sorgen, Furcht oder Angst verbunden sind. Alle vier verzerren die Wahrnehmung und erschweren vor allem die Bewertung der ohnehin schon auszugsweise stattfindenden Kognition. Wir reagieren dann wie der Staatsanwalt in einem amerikanischen Krimi, der auch nur nach Indizien fahndet, die den Beschuldigten belasten, und entlastende Elemente übersieht. Bei diesem Staatsanwalt wie bei uns liegt es am System: bei jenem am System der Prozeßordnung, bei uns an der evolutionsbiologischen Verankerung dieses Verhaltens. Angst – und ein Tier hat vor allem

Angst und macht keinen Unterschied zwischen Sorge, Angst und Furcht – ist ein indifferentes Gefahrensignal und bewirkt: flüchten oder angreifen!

Bei Tieren hat diese Entscheidung „Flucht oder Angriff" meist mit der Größe des Sicherheitsabstandes zu einer Gefahrenquelle zu tun. Ist der Abstand noch groß genug, wird das Tier flüchten. Es hat ja, anders als der Mensch, kein ‚Gesicht‘, das es zu verlieren hätte. Ist der Abstand bereits zu klein, um noch fliehen zu können, greift ein Tier sogar sehr viel größere Feinde an und hat dabei häufig auch noch die Natur auf seiner Seite, die nämlich den Nest- oder Revierverteidiger ‚emotional‘ begünstigt: ihm Mut macht und alle Angst vergessen läßt.

Im Zustand der Angst läuft eine Vielzahl von körperlichen Reaktionen ab, die alle darauf abgestimmt sind, bedingungslos und besinnungslos dem Befehl der Angst zu gehorchen: Angriff oder Flucht. Vor allem das Denken wird erschwert, nicht zuletzt dadurch, daß Blut vom Gehirn in die Muskulatur abgezogen wird, wo seine Energiestoffe dringender gebraucht werden... dringender nach Maßgabe der Evolution (Vester[2]). Wenn wir Menschen Angst haben, sollten wir gerade dann das Denken nicht vergessen und so schnell wie mögliche eine ‚nüchterne‘ und angstreduzierende Einschätzung der Lage vornehmen, der sich dann ein ebenso nüchterner Entschluß anzuschließen hätte. Hätte!

Der Sinn dieser – im nicht-selbstbewußten Teil der Natur automatisch ablaufenden Angstreaktion und somit sehr sinnvollen – Einrichtung verkehrt sich also beim Menschen ins Gegenteil: wir müssen hier gegen unsere ‚Natur‘ handeln. Damit bewahrheitet sich ein vielfach in der Wissenschaft ausgesprochener Satz, daß der Mensch ein Mittelwesen sei zwischen Instinkt und Vernunft: nicht mehr ganz Instinktwesen und noch nicht ganz Vernunftwesen. Denken wir daran, wenn wir Entscheidungen treffen müssen, bei denen wir unserer Angst, Furcht oder Sorge nicht ganz Herr sind, und ziehen wir dann nach Möglichkeit jemanden zu Rate, der von unseren Emotionen unberührt ist. ‚Zu Rate ziehen‘ heißt jedoch nicht, die Entscheidungen überlassen‘.

Und noch eine andere Regel gibt es, wenn wir Entscheidungen in Angst oder Sorge treffen müssen: Angst ist von allen Einflüssen das am stärksten die Wahrnehmung verzerrende Element. Um für unsere Entscheidung den notwendigen Realitätsbezug wiederherzustellen, müssen wir uns einmal, so paradox es klingt, vorsätzlich in die angstvolle Situation

hineindenken: Wenn nun tatsächlich alle befürchteten Folgen einträten…, *was könnte schlimmstenfalls passieren?*
In überraschend vielen Fällen stellt sich dann heraus, daß das Schlimmste an der befürchteten Situation unsere Angst davor ist und die möglichen Ereignisse selbst so schlimm vielleicht gar nicht sind. Die ‚Erwartungsangst' ist es, die unser Denken verzerrt und die auf diese Weise von einem Warner vor Gefahren zu einem Auslöser von Gefahren – nämlich zum Auslöser falscher Entscheidungen – wird.

Aber nicht nur das. Die Erwartungsangst ist in unseren Tagen bereits zur ‚Gefahr an sich' geworden:
Ist eine Gefahr nämlich (zum Beispiel in der Gentechnologie) aus heutiger wissenschaftlicher Sicht (noch) nicht übersehbar und damit noch unbekannt – falls jedoch übersehbar, dann aber womöglich unübersehbar groß –, dann ist sie, wiederum aus heutiger Sicht und nach Meinung höchster Gerichte, nicht mehr oder noch nicht handhabbar, und entsprechende gentechnologische Versuche müssen dann unterbleiben. Psychologisch heißt dies, daß aus der ‚Erwartungsangst', der Furcht vor der Gefahr[3], längst eine ‚Gefahr an sich' geworden ist… – eine zwar verständliche, aber höchst fragwürdige Erscheinung. Allerdings ist noch kein Gericht der Welt auf die Idee gekommen, aus demselben Grunde einen Krieg zu verbieten – ja nicht einmal das weitere Bewohnen von San Franzisko ist untersagt worden, obwohl dieser Stadt nach allen Vorhersagen ein grauenvolles Erdbeben mit noch unübersehbaren Folgen bevorsteht. *„Der Mensch ist kein rationales, sondern ein rationalisierendes Wesen"*, hat Albert Camus gesagt und damit diesen seltsamen Sachverhalt klargemacht.

Entscheidungskontrolle: der Sinn des Gewissens

Dem Sinn des Instinktes, unserer Gefühls-Programierung, steht der Sinn unseres Ratio, unserer Vernunft, gegenüber – und beidem der Sinn unseres Gewissens. Instinkt wie Gewissen sind keineswegs etwas Unbewußtes, sondern durchaus bewußt wahrnehmbare ‚Stimmen', die in Entscheidungssituationen den Ausschlag geben können. Wir wollen den Begriff ‚Gewissen' hier gar nicht ethisch-moralisch verstehen, sondern einfach als das, was wir ‚gewiß wissen', wovon wir überzeugt sind, wofür wir

27

einstehen, auch in trivialen, sachlichen Entscheidungen. Gewissen als synonymer Begriff für Selbstverantwortung (vor sich selbst verantwortlich) ist evolutionsgeschichtlich sehr viel jünger als der Instinkt, der nach wie vor in uns lebendig ist. Erst der seiner selbst bewußte Mensch konnte und *mußte* die Fähigkeit für ein Gewissen ausbilden. Hatte die Evolution bis dahin mit ‚Versuch und Irrtum' gearbeitet, so konnte sie ihr Erfolgsprinzip mit dem Aufkommen des Menschen auf dessen vorbedachtes Handeln abstellen. Erstmalig in der Milliarden Jahre alten Geschichte des Lebens gab es ein Wesen, das ‚in Gedanken' Handlungen und Ereignisse im voraus zu erleben und hinsichtlich ihrer Wirkungen abzuschätzen in der Lage war.

Im Hinblick auf Ursache und Wirkung bedeutete dies, daß nicht nur ein möglicher, sondern sogar *ein wahrscheinlicher Erfolg voraus-gedacht* werden konnte. Es liegt auf der Hand, daß damit die Erfolgsquote menschlichen Handelns – und somit auch der durch ihn handelnden Evolution – um ein Vielfaches gesteigert wurde.

Mit der neuen Denk-Technik der vorweggenommenen Wahrscheinlichkeiten hat es der Mensch verstanden, sich – wie die Bibel es gelehrt hat – diese Erde untertan zu machen, nicht überall mit einem wünschenswerten Ergebnis. Um sich in seiner – vor allem technischen – Entwicklung nicht selbst zu überholen und plötzlich vor hausgemachten Problemen zu stehen, die möglicherweise dann nicht mehr lösbar wären, ‚mußte' die Natur, nachdem sie schon einmal das Selbstbewußtsein und die Fähigkeit des bewußten antizipatorischen Denkens ‚zugelassen' hatte, auch die Fähigkeit zur Selbstkontrolle entwickeln.

Hierzu wurden nicht nur die Möglichkeiten des rationalen Denkens und Entscheidens, sondern auch die gewaltigen Kräfte des Emotinalen aufgeboten. Neben der rationalen Kontrolle unserer Großhirnrinde, von der einfachen Logik bis zur Wahrscheinlichkeitsrechnung, verfügt der Mensch also auch noch über die weitgehend emotional unterfütterten Konzepte der Ethik und der Moral, die beide in enger Beziehung zum Gewissen stehen. Wohlgemerkt: nicht die Inhalte der auf dem ganzen Erdball anzutreffenden Ethiken und ‚Mores' (= Sitten, Gebräuche und damit sittlichen Handlungsweisen), die mitunter erhebliche kulturelle Unterschiede aufweisen und allgemein als gesellschaftlich anerzogen gelten, sind ‚angeboren', sondern die Notwendigkeit und die Fähigkeit, solche ‚Mores' als Selbstkontrolle zu entwickeln. Vorformen bereits im

tierischen Bereich kann man in den verschiedenen Formen sozialstabili-
sierenden Verhaltens erkennen, wie sie vor allem bei Säugetieren und
Vögeln nachweisbar sind.

War der Sinn der Instinkte Entscheidungs- oder Handlungs-Sicherheit im
Bereich der zwar (in Grenzen) ‚bewußten‘, aber nicht ‚selbstbewußten‘
Natur, so ist der Sinn des Gewissens ebenfalls wieder *Sicherheit des
Handelns,* allerdings unter bewußter Einbeziehung der logischen wie
ethisch-moralischen Kriterien, wie sie durch eine oft jahrhundertlange
gesellschaftliche Erfahrung bestätigt worden sind (10 Gebote).

Unverändert bleibt dabei unsere nach wie vor ausschnittsweise Wahrnehmung, die wir bei allen Entscheidungen berücksichtigen müssen. Weder
unsere Sinnesorgane wie Auge und Ohr (Kognition) noch deren affektive
Widerspiegelung (Emotion) noch unsere Gewissens-Kontrolle vermittelt
uns ein Bild der ganzen Wirklichkeit, die obendrein noch ständig in Fluß
ist. Hier hilft uns dann mitunter das paradoxe Denken weiter, das
„Denken von den anderen her", denn das Gewissen ist ja, wie gesagt, gesellschaftlich vermittelt, ‚gelernt‘, und das schließt nicht gerade selten erhebliche Spielräume des Egoistischen ein.

3. Über das konstruktive Denken

Über das SINN-Denken, das ZWECK-Denken und das URSACHE-WIRKUNGS-Denken

Eine der Grundbedingtheiten unseres Denkens ist das Denken in Zusammenhängen, wie wir es schon beim Gestalt-Sehen erwähnt hatten. Eine weitere überlebenswichtige Fähigkeit unseres psychischen Systems ist das Erkennen von Ursache und Wirkung.

Dieses Beziehungsdenkenken ist ein zusammenfügendes Denken (lateinisch: construere = zusammenfügen), ein konstruktives Denken und somit eine Art von Gestaltdenken. Schon der Bauplan unseres Gehirns verweist darauf, daß wir nicht nur Ursache-Wirkungs-Zusammenhänge herstellen, genauer: aufspüren können, sondern geradezu dazu angelegt sind, sie aufdecken zu ‚müssen'. Aber während auch Tiere schon in der Lage sind, von bestimmten Handlungen ebenso bestimmte Wirkungen abzuleiten (Meisen sind in der Lage, nach Überwindung von bis zu fünfzehn ‚technischen' Hindernissen an Futter zu gelangen), wollen wir nicht nur wissen, WARUM etwas geschieht – womit wir die Frage nach dem ZWECK stellen, sondern für uns ist auch noch – und vor allem – wichtig, WOZU etwas gut ist, und damit stellen wir die Frage nach dem SINN.

Dieses Fragen und Suchen nach dem Sinn ist die menschliche Primärmotivation überhaupt (Frankl), das Grundmotiv unseres Lebens. Auch wenn wir uns nicht den ganzen Tag darüber Rechenschaft geben: kein Mensch tut vorsätzlich gern etwas Sinnloses. Selbst bei einem nur zweckmäßigen Handeln steht der Sinn – und sei es auch als bewußte oder erzwungene Vernachlässigung – im Hintergrund: denn der Zweck ist immer nur das Mittel zum Sinn.

Sinn-Denken[4] ist für den Menschen überlebensnotwendig, nachdem er von der Evolution aus der Sicherheit der Instinktsteuerung entlassen worden ist. In der ihm nunmehr auferlegten Suche nach dem Sinn sucht er die Orientierung in seinem Dasein. Sinn-Suche ist somit der deutlichste Ausdruck der Selbstverantwortung des Menschen, denn Sinn ist ihm nicht einfach durch irgendwelche Instanzen gegeben; der einzelne muß

ihn vielmehr in jeder Lebenssituation aufs neue suchen und verwirklichen (Frankl). Dabei liegt dieser Sinn dann in der Beziehung, die der einzelne zu den Herausforderungen in seinem Umfeld aufbaut: eine Mutter
zu ihrem Kind, dessen Betreuung ihrem Leben ‚Sinn gibt', ein Arbeiter
zu seiner Aufgabe, die für ihn sinnvoll ist, ein Arzt zu dem von ihm zu
rettenden Leben.

Daneben steht die Frage nach dem WIESO, die auf Ursache und Wirkung
abzielt. Sie ist – wie die Frage nach dem WOZU und dem WARUM – ebenfalls die Frage nach einer Beziehung, einer ‚Gestalt', und setzt zu ihrer
Beantwortung dieselbe hirnphysiologische Konstruktion voraus. Logisch
steht sie im engen Zusammenhang zu den beiden vorgenannten. Wenn
ich wissen möchte, wozu etwas gut ist (Sinn) und warum es überhaupt
existiert und funktioniert (Zweck), dann möchte ich auch wissen, WIE etwas gerade SO funktioniert, wie es funktioniert.

Unsere gesamte Technik beruht darauf, daß wir be- und neugierig genug
sind, so fragen zu wollen, und hirnphysiologisch fähig genug, so fragen
zu können und die entsprechenden Beziehungen zwischen Ursache und
Wirkung(en) herzustellen.

Auch das hat seinen evolutionären Sinn: Nachdem Evolution nicht mehr
mit biologischen Mitteln stattfindet, sondern mit den technischen Mitteln
des Menschen, stehen diese im Vordergrund. Ohne sie hätte die Natur
zum Beispiel für die Entwicklung eines Auges, das einem modernen Te-
leskop gleicht, vermutlich viele Millionen Jahre gebraucht; mit Hilfe des
menschlichen Universalinstruments ‚Großhirn' sind – je nachdem, zu
welchem Erdzeitpunkt man die ‚Geburt' des Menschen ansetzen will –
nur wenige Millionen Jahre vergangen, bis das Fernrohr erfunden wurde
(1608/1609), und seitdem nur noch 300 Jahre, um die heutigen Welt-
raumteleskope zu entwickeln. Der Fortgang der Evolution überhaupt beruht also nicht zuletzt darauf, daß der Mensch so fragen kann und muß.
Das Fragen ist Ausweis des Menschen und Ausdruck seines Selbst-
Verständnisses: *Der Mensch ist das Wesen, das fragt.*

Dem menschlichen Gefühl für Proportionen entspricht es, daß die Dinge
untereinander in einem angemessenen Verhältnis stehen. Aber gerade
beim Blick auf die Beziehungen zwischen Ursache und Wirkung zeigt
sich, daß menschliches Primärempfinden meist noch zu grob, zu vordergründig und zu schematisch ist. So vernachlässigen wir nicht selten un-
scheinbare Gegebenheiten, ohne uns Gedanken über deren mögliche

31

Auswirkungen zu machen, ja wir sprechen sogar mit einigem Erstaunen davon, daß eine ‚kleine Ursache große Wirkungen' haben kann. Wollen wir alle Möglichkeiten unseres Denkapparates sinnvoll nutzen, so müssen wir hier unser Empfinden nachjustieren und auf Feineinstellung umschalten. Daß die Fliege im Auge des Autofahrers nur in ihren körperhaften Abmessungen klein, als Ursache einer Massenkarambolage ineinanderrasender Kraftfahrzeuge aber ‚riesengroß' ist, bereitet uns bei Überlegungen zur Proportionalität von Ursache und Wirkung noch kein Kopfzerbrechen. Weniger auf den ersten Blick logisch könnte uns schon erscheinen, daß eine Preisermäßigung von nur wenigen Pfennigen bereits genügen kan, einen Massenartikel vom Markt zu fegen, oder eine Lohnerhöhung von wenigen Mark den Empfänger ‚in die Progression' drängt, so daß er am Ende unzufriedener ist als zuvor. Wenn dann auch noch fünf Schrauben an der falschen Stelle genügen, um ein Atomkraftwerk, wie seinerzeit bekanntgeworden, aus dem Verkehr zu ziehen, dann müssen wir zunächst unser Denken überdenken – einmal bezüglich des Folgen-(Be-)Denkens überhaupt und zum anderen hinsichtlich einer nur scheinbar logischen Proportionalität von Ursache und Wirkung, von ‚kleiner' Ursache und ‚großer' Wirkung.

Es ist also notwendig, bei der Bedeutungseinschätzung einer Gegebenheit nur scheinbare Geringfügigkeiten nicht zu verkennen und zum anderen auch diejenigen Wirkungen mit zu berücksichtigen, die hätten eintreten können, und nicht nur diejenigen, die tatsächlich eingetreten sind.

Woran es nämlich gelegen hat, daß etwas tatsächlich so und nicht anders eingetreten ist, gehört zu der unübersehbaren Vielfalt des Unwägbaren und entzieht sich damit unserer Beobachtung.

Manche politische, technische und wirtschaftliche Entscheidung hätte anders aussehen müssen, wenn nicht nur die (unglücklicherweise) eingetretenen Folgen, sondern auch die (glücklicherweise) *nicht* eingetretenen Wirkungen hätten berücksichtigt werden müssen. In Zusammenhang mit dem Problemen ‚Angst als Gefahrenauslöser' hatte uns dies schon einmal beschäftigt. Nach den heutigen Erkenntnissen über Systemverhalten, Turbulenz- und Chaostheorie anhand mathematischer Modelle der Kulmination von Ereignissen wird es immer schwieriger, beabsichtigte Wirkungen direkt anzuvisieren. Die vielfach weltumspannenden Zusammenhänge, in denen wir heute leben, werden immer komplexer, so daß wir immer größere Schwierigkeiten haben, ganz bestimmte eingegrenzte Wirkungen durch ganz konkrete Ursachen hervorzurufen, ohne nicht eine Vielfalt von Neben-Wirkungen zu erzielen. Selbst die zunächst ,kleine Ursache' im Zusammenhang A kann, vernetzt, zur ,großen' Ursache B werden. Die organisatorischen Konsequenzen liegen auf der Hand: Ent-Netzung von Zusammenhängen, Dezentralisierung zu komplex gewordener Handlungsräume, Regionalisierung von Zuständigkeitsbereichen, Auflösung der Abhängigkeit großer Aggregate von einigen wenigen Entscheidungs- oder Kraftzentren (zum Beispiel viele kleinere Kraftwerke anstelle eines großen Kraftwerknetzes: New York stundenlang ohne elektrischen Strom mit dann chaotischen Zuständen; Unregierbarkeit von Riesenstädten wie Mexiko-City, São Paulo). Demgegenüber fordert die psychologische Konsequenz das genaue Gegenteil: nämlich die Verbesserung der Techniken eines vernetzten Denkens, die Berücksichtigung multikonditioneller Voraussetzungen bei den Entscheidungsprozessen sowie die Erweiterung der Kommunikationsmöglichkeiten, um in zunehmenden Maße die Meinungen und Erfahrungen möglichst viel(seitig)er kompetenter Mit-Denker einbeziehen zu können.

Schon in den regionalisierten Handlungsbereichen nehmen die einzelnen Probleme mittlerweise einen Grad an Komplexheit an, der ohne neue Denk- und Entscheidungsprinzipien wie -techniken nicht mehr beherrschbar ist. Die Gegensätzlichkeit von organisatorisch-technischen und psychologischen Konsequenzen ist also nur scheinbar: praktisch sind diese beiderseits notwendigen Entwicklungen komplementär. Trotz Reduktion von Komplexität erweisen sich die verbleibenden Strukturen als komplex genug, um nur noch mit immer ausgefeilteren Methoden beherrschbar zu bleiben.

In der Synergetik spricht man von Fluktuationen, ,zufälligen' oder zufällig erscheinenden ,Schwankungen', die in der Lage sind, erhebliche Wirkungen auszuüben. Vernetzte Wirkungen machen deutlich, daß wir tatsächlich in einem Systemzusammenhang leben, der es kaum noch erlaubt, bestimmte Wirkungen exakt vorauszuberechnen. An uns ist es, auf immer wieder neu eintretende Situationen gefaßt zu sein und alternativ auf sie reagieren zu können. Insbesondere technische Entwicklungen, der Mega-Chip zum Beispiel, haben uns gezeigt, daß dadurch ganzen Industrien revolutioniert wie ruiniert werden können; Vereinfachungen im Verkauf wie durch die Warenhausidee ,Alles unter einem Dach' oder die Versandhandelsidee ,Alles aus einer Hand' haben das Käuferverhalten von Generationen ebenso verändert wie die Shoppingcenter ,auf der grünen Wiese', die ihren Nutzen aus der sich allmählich entwickelnden Parknot der verkehrsüberfluteten Innenstädte gezogen haben.

Auch daraus müssen wir ein Fazit ziehen: Scheinbar unbedeutende organisatorische Veränderungen, sich anfangs nahezu unbemerkt einschleichende Tendenzen, eine auch nur vage Idee…, all diese Auslöser mit oftmals unübersehbaren Folgen sollten uns veranlassen, in unsere Überlegungen auch das scheinbar Unbedeutende, wenig Spektakuläre und auf den ersten Blick keinesfalls unmittelbar Erfolgversprechende mit einzubeziehen. Eine möglicherweise kleine Ursache für eine dann eintretende große Wirkung ist also weder die Ausnahme noch die Regel: Es gibt keine großen und keine kleinen Ursachen: *es gibt nur Ursachen.*

Vor zwanzig Jahren hatte ich Gelegenheit, in Japan mit Sony-Managern über Marktentwicklungen zu sprechen. Auf die Frage, wie man glaube, die sich damals schon abzeichnende herausragende Marktposition auf bestimmte Gebieten zu behaupten, vor allem dann, wenn die Wettbewerber aufgeholt hätten, deutete der Chefmanager auf seinen Schreibtisch: „In der obersten Schublade liegen die Produkte, die den heutigen folgen werden…". „Und was liegt in den anderen Schubladen?" „Dort liegt das, was danach an die Reihe kommt. Man kann Wettbewerber nicht hindern, nachzuziehen. Man kann nur immer den anderen um eine Nasenlänge voraus sein." Die interessanteste Aussage aber lag in einer beinah beiläufigen Bemerkung: „…dabei sind es mitunter scheinbar nur unwesentliche Veränderungen eines Produktes, die den Ausschlag geben."
Sony-Chef Morita hat viele Jahre später von dem einfachen Taschenbuch berichtet, das dem Sony-Mitgründer Ibuka die Vision der künftigen Heim-Videokassetten vermittelt hatte: Video-Kassetten, so handlich wie Taschenbücher, so verbreitet wie Taschenbücher und inhaltlich so vielfältig wie Taschenbücher.

‚Fluktuationen', wie das Einfließen von innovativen Ideen genannt wird, sind keine Vulkanausbrüche der Innovation, sondern eben nur ‚Einflüsse' und somit etwas, das mitunter auch ganz unbemerkt einfließen kann, und die einflußreichsten Fluktuationen waren noch immer die oftmals unbemerkten *Veränderungen im Denken.* Paul Getty[5], der Ölmilliardär, hat erzählt, daß ihn ein einziges kurzes Gespräch auf ein neues Denkprinzip gebracht habe. Eines seiner Ölfelder wollte nicht so recht sprudeln, und deshalb war er kurzentschlossen auf dieses Feld geflogen, um nach dem

Rechten zu sehen. Der Manager galt eigentlich als ein guter Mann, und es ließ sich kein Anhaltspunkt für den unbefriedigenden Zustand des Feldes finden. Schließlich habe ihm dieser Mann gesagt: „Mr. Getty... beteiligen Sie mich hier, und wir machen noch einmal einen neuen Anfang!" Dieser Augenblick sei für ihn, Getty, in jeder Beziehung ‚ein neuer Anfang' gewesen, denn von da ab war es für ihn nicht mehr undenkbar, bei diesem oder jenem Projekt die Macht mit anderen zu teilen und so auch neue Lösungen zu finden.

„*Wer allein arbeitet, addiert; wer kollaboriert, multipliziert*" (orientalisches Sprichwort).

Über die Vernetzung des Denkens

Mit dem Ursache-Wirkungs-Denken setzt jener Effekt ein, den wir seit einiger Zeit ‚Vernetzung' nennen. Daß die offensichtliche Größe einer Ursache keinen Schluß auf die mögliche Wirkung zuläßt, hatten wir bereits nachdrücklich betont. Darüber hinaus wäre es verkehrt, wollte man – wie in der Pharmakologie lange Zeit – immer nach der Monosubstanz, der *einen* Substanz, suchen, von der die Heilwirkung ausgehen sollte. Nahezu jedes Medikament weist mehrere Bestandteile auf, und man weiß längst, daß es nicht zuletzt auf die Mischung und Dosierung sowie auf die Art der Verabreichung ankommt, um die gewünschte Wirkung zu erzielen. Alle diese Ursachen zusammen machen die Wirkung aus.

Weiterhin gilt der Satz: keine Wirkung ohne Nebenwirkungen. Wenn ein Unternehmen pleite geht, haben sicher viele falsche Entscheidungen dazu beigetragen. Keine einzige allein hätte möglicherweise ausgereicht, wohl aber alle zusammen, obwohl auch schon ein einzige Fehlentscheidung einem Unternehmen den Todesstoß versetzen kann.
Der Kamerafirma Minox[6] hat man öffentlich nachgerechnet, daß insgesamt acht Fehlentscheidungen die Ursachen für den Untergang gewesen sind: Sicherheitswahn in der Marktnische ‚Amateur-Kleinstkamera'; Kamera-Monokultur des Unternehmens insgesamt, mangelnde Risikoverteilung auf die Zulieferer, traditionelle Technik, Fehleinschätzung des Produkt-Images, mangelnder Kundendienst, geringe Weite des Vertriebskonzeptes und ungenügende Kapitalbasis. Alles zusammen haben schließlich zum Kollaps geführt.

Wir können diese acht Einzelaspekte sowohl unter dem Gesichtspunkt des hierarchischen Denkens wie auch der Vernetzung betrachten: Bei hierarchischem Denken stünde Selbstbezogenheit im Hinblick auf das Produktkonzept obenan. Die Welt sieht dann nicht nur so aus, wie man sie gern hätte, sondern sie *hat* einfach so auszusehen, wie es dem Selbstbild des oder der Betreffenden entspricht. Der Wille hat es nun einmal an sich, die Vorstellung zu verzerren und das Denken immer wieder in die eingefahrenen und erwünschten Bahnen zu leiten. Generationenlanger Erfolg wie bei Minox kann dann die Furchungen dieses Denkens unauslöschlich werden lassen. Eine recht zeitige Lösung (denn wer wüßte zu sagen, wann man hier noch von ‚rechtzeitig' sprechen konnte?) hätte erst einmal ein *Umdenken* vorausgesetzt. Die Entscheidungen danach wären dann gar nicht mehr so problematisch gewesen. Der Nebel, den Ursachenvielfalt und Vernetzung über wirtschaftliche (wie politische) Vorgänge ausbreiten können (siehe DDR), verfliegt dann unter Umständen in Windeseile.

Das Problem der Vernetzung, das zum Verhängnis der Vernetzung wird, wenn sich hauptsächlich negative Einflüsse ausbreiten, stellt sich besonders deutlich dar. Im Fall Minox: Die indoktrinierende Wirkung des Oberbegriffs „Amateur-Kamera" mit den hierarchisch nachgeordneten Begriffen von ‚Kleinstbildkamera' bis ‚finanzielle Unternehmensstruktur' (Kapitalbasis) hat sich dem technisch-sozialen System Minox nicht nur hierarchisch dominierend von oben nach unten, sondern auch ‚systemisch', und das heißt ‚multidimensional' und vernetzt, mitgeteilt – bis in alle Verästelungen des Unternehmens hinein. Umdenken hätte hier bedeuten müssen: *die Hierarchie des Denkens neu zu ordnen* – neue Leitbegriffe zu bilden (zum Beispiel ‚Optische Industrie' mit diversifizierter Struktur) und die davon abhängigen nachgeordneten Denkansätze im Unternehmen neu zu strukturieren.

An diesem Beispiel zeigt sich, wie entscheidend das Denken in Zusammenhängen ist – wie verhängnisvoll sich eine selbstbezogene Wahrnehmung sogenannter Realität auswirkt, die rasch einen Unternehmenszweck zum Selbstzweck werden läßt (siehe Borgward, Seite 17) und den Sinn verleugnet, den jegliches soziale System zu erfüllen hat. Die Vernetzung der Ursache-Wirkungs-Beziehungen, die unter positiven Vorzeichen ein rasches Ausbreiten erfolgreicher Impulse bewirkt, führt unter negativen Vorzeichen dann ebenso zwangsläufig in den Untergang. Zu keinem Zeitpunkt hätte eine Verbesserung in einem der genannten acht Teilbereiche Minox als Ganzes zum Erfolg geführt (zum Beispiel eine große Kapitalspritze bei Beibehaltung der verhängnisvollen Denkstrukturen), sie hätte den Untergang lediglich aufgeschoben. Nur eine Veränderung in der Hierarchie des Denkens hätte einen grundlegenden Wandel gebracht, und Vernetzung hätte ihren Teil dazu beigetragen.

Über das induktive Denken

Zum konstruktiven Denken und unserem Drang nach dem Herstellen von Beziehungen und dem Ergänzen von ,Gestalten' gehört auch, daß wir aus unvollständigen Teilen auf das dahinter vermutete Ganze schließen können. Solange es sich dabei um die Rekonstruktion einer halb verdeckten Schrift handelt oder um Skeletteile, die uns Aufschluß über den Gesamtorganismus geben sollen, sind auch Fehlschüsse nicht sonderlich problematisch. So hat der berühmte Arzt und Anthropologe Rudolf Virchow (1821–1902) seinerzeit einen Neandertalerknochen für einen Affenknochen gehalten.

Im Bereich des sozialen und sozialpsychologischen Rückschließens und Bewertens ist jedoch Vorsicht angebracht. Das beginnt bereits bei der Hochrechnung personenbezogener Computerdaten, die ja keine unveränderlichen Gegebenheiten darstellen wie Zahlen. Wahlforscher haben damit schon unliebsame Überraschungen erlebt. Geradezu fragwürdig wird es dann, wenn man aus zwar vorhandenen, aber nicht ausreichend umfassenden und unabhängigen Informationen, aus Möchtegern-Ideen, scheinbaren Sachzwängen, logisch ,auf der Hand liegenden' ,Tatsachen' oder gar politisch oder betrieblich erwünschten Meinungen realitätsgerechte Strategien zu entwickeln versucht.

Auch Daten aus sogenannten Zufallsstichproben lassen sich bei der Vielfalt wissenschaftlicher Interpretationsmöglichkeiten nicht selten einem Wunschdenken zuordnen. Mancher Forscher hat – verführt durch die Faszination eines erstrebten Zieles – bereits einen Teil für das Ganze genommen und ist den Tücken des induktiven Denkens erlegen. Der Rückschluß vom Teil auf das Ganze bedarf zuallererst der vorurteilslosen Aufhellung des jeweiligen *Interessen-Hintergrundes,* um auch ungewollte Realitätsverzerrungen zu vermeiden.

Vor allem unsere Menschenkenntnis läuft Gefahr, das Bruchstückhafte unserer Kognitionen als das erkannte Ganze zu verkennen. Aus einem aufgeschnappten Wort, einer kaum noch wahrgenommenen Geste und einer auffälligen Mimik ziehen wir nicht selten voreilig Schlüsse und stützen unsere Menschenkenntnis mitunter auf die kuriosesten Indizien: ‚Leute, die' sich oder oder so anziehen, diese oder jene Gewohnheit haben, diesen oder jenen Autotyp fahren, mit ‚solchen' Frauen (oder überhaupt nicht) verheiratet sind, sich modebewußt geben oder noch immer im Gammel-Look herumlaufen... Die Anzahl solcher Einzelaspekte ließe sich ins Uferlose erweitern, aber wir würden dennoch auf nichts anderes stoßen als auf die ewige Fragwürdigkeit des induktiven Schließens von teils recht willkürlich herausgegriffenen oder beziehungslos-zufällig wahrgenommenen Teilen auf ein möglicherweise nach wie vor verborgenen Ganzes.

In meiner psychologischen Beratungspraxis begegnen mir immer wieder Todunglückliche, die an ihrem Arbeitsplatz oder bei ihrer Karriere auf Widerstände stoßen – mißgünstige Kollegen, autoritäre Vorgesetzte, ungünstige sachliche Rahmenbedingungen... Bei näherer Untersuchung entpuppen sich dann diese ‚ganz konkreten Erfahrungen' als Rückschlüsse aus scheinbar völlig logisch gedeuteten, zufälligen Einzelheiten – nur daß die zugrunde liegenden Vorgänge entweder den anderen Betroffenen überhaupt nicht bewußt waren oder aus deren Sicht eine ganz andere Bedeutung hatten.

Da fühlt sich jemand unterdrückt; er glaubt, daß man ihn nicht hochkommen lassen wolle, daß ihm die Kollegen aus dem Wege gehen und der Chef ihm keine Chance gebe... Irgendwann sind tatsächlich einmal die Kollegen auseinandergelaufen, als er den Raum betrat, und sofort haben bei ihm die Alarmglocken geschrillt; irgendwann einmal hatte der Chef tatsächlich keine Zeit, als jener ihm einen wichtigen Gedanken vortragen wollte; und während alle anderen seiner Meinung nach mit interessanten Arbeiten beschäftigt waren, mußte er sich mit etwas völlig Unwichtigem herumplagen. Daß er nun ständig mißtrauisch seine Umwelt beobachtet, auf die geringsten Anzeichen lauert, die seine Auffassung verstärken, ist zwar nicht logisch, aber psychologisch. Er hat aus Einzelaspekten auf ein zusammenhängendes Ganzes geschlossen, das so jedoch nicht existiert. Die Kollegen sind auseinandergelaufen, weil sein Hinzutreten der willkommene Anlaß dafür war, endlich wieder auseinanderzugehen, nachdem man sich schon viel zu lange über etwas festgeredet hatte, was im übrigen mit dem Ankömmling in gar keiner Beziehung stand. Der Chef war tatsächlich in Zeitnöten gewesen und hatte es später nur versäumt, unseren Freund noch einmal anzusprechen. Da jener tatsächlich einmal eine langweilige Aufgabe erwischt hatte, widmete er sich ihr bei seinen ohnehin schon wuchernden Selbstzweifeln nun auch noch so quälerisch langsam, daß er mit Recht als langsamer Arbeiter eingestuft wurde...

Der Versuchung einer unzulässigen Verknüpfung realer Vorgänge zu einem insgesamt irrealen Faktenmosaik kann man praktisch jeden Tag verfallen. Hüten kann man sich davor nur dadurch, daß man sich angewöhnt, dem bloßen Augenschein genauso zu mißtrauen wie den sich damit automatisch verbindenden Bedeutungszuweisungen.

Alles Spontane, Unüberlegte, scheinbar so Selbstverständliche und auf der Hand Liegende ist hinreichend verdächtig, ‚instinktiv‘ ausgelöst worden zu sein und der rationalen Kontrolle zu entbehren. Mögen Spontanität und Gefühlsbetontheit im zwischenmenschlichen Umgang bei *positiver* Zuwendung auch begrüßenswert sein und besser als verklemmte Zugeknöpftheit – bei allen sonstigen Entscheidungen muß unser Erkenntnisapparat uneingeschränkt in Funktion treten. Ungeprüfte Details können verhängnisvolle Kettenreaktionen des Denkens hervorrufen, wie das aus der Praxis von polizeilichen oder militärischen Überwachungsaktionen hinlänglich bekannt ist: Da erscheint jemand ahnungslos in einem verdächtigen Umfeld. Dieser ‚Tatbestand‘ wird gespeichert und kann beliebig mit anderen ähnlichen Eindrücken – wie es in der Computer-Befehlssprache heißt – ‚zusammengeführt‘ werden. Dabei werden Daten gesammelt, nicht weil sich jemand ‚verdächtig gemacht‘ hat, sondern weil er ‚verdächtigt worden‘ ist, und als ‚verdächtig‘ gilt er deshalb, weil er in der Rubrik der ‚Verdächtigen‘ mit vielen anderen zufällig oder tatsächlich Verdächtigten geführt wird. Als Auslöser hat irgendein Einzelaspekt genügt, dem zunächst einmal ‚vorsorglich‘ die Bedeutung ‚verdächtig‘ zugewiesen worden ist. Aber was daraus entsteht, ist keinesfalls das ‚Mosaik‘, das sich die Datensammler vorgaukeln – denn ein Mosaik ist trotz der vielen einzelnen Steinchen ein geschlossenes Bild. Es entsteht nichts anderes als eine willkürliche Auflistung von Einzelheiten, und das, was als ‚geschlossen‘ an diesem Bild erscheint, ist das, was der eingeborene Drang zum ‚Gestalt-Sehen‘ und Beziehungsherstellen suggeriert. Dazu kommt dann noch das autosuggestive Feindbild, mit dem vor Augen die Datensammler auf die Jagd gehen. Gerade die scheinbar so wert-neutralen Bezeichnungen wie ‚Zielperson' führen aufgrund ihrer scheinbaren Abstraktheit automatisch dazu, das hinzu-zugestalt-en, was man gerade ausklammern sollte: das Bewertende, also: das Feindliche. Vor Jahren interviewte ich einmal einen Polizeipräsidenten, der auch immer nur gewohnheitsmäßig abstrakt von den ‚Tätern' sprach. Erst als ich ihn darauf aufmerksam machte, daß wir im Augenblick nur von den Bewohnern unserer Stadt sprächen, verbesserte er sich und sagte dann nur noch ‚die Bürger'.

Anstatt Daten zunächst als nichts anderes zu sehen als eine Auflistung von Materialien, so als ob man zusammenschriebe, welche Werkzeuge und Hilfsmittel man zum Bau eines Hauses brauche: soundsoviele Steine, soundsoviel Zement, Sand, Holz und anderes mehr, entsteht gleich die Fata Morgana des ganzen Hauses. Die Daten allein haben es jedenfalls nicht sichtbar gemacht. Auch wenn man anstelle von Holz, Porzellan oder Kunststoff gleich Fenster sagte oder Badewannen, Waschbekken…, also größere Einheiten registrierte, würde noch immer nicht das ganze Gebäude daraus, das von den Bedürfnissen der Bewohner bestimmt, von den Ideen des Architekten gestaltet und einer Vielzahl von Handwerkern erst erbaut werden müßte.

Wenn eine solche Zusammenschau schon bei einem rein materiellen Objekt wie einem Haus problematisch ist, wie dann erst bei der psychophysischen Ganzheit ‚Mensch'. Charakterstruktur, Gesinnung, Motivation, Bildung, Kenntnisse und Fertigkeiten, soziale Fähigkeiten und deren Frustrationen – alles das macht den Menschen aus; seine Handlungen, als äußere Ereignisse registriert, werden erst verständlich, wenn man über Informationen verfügt, die das breite Spektrum des zuvor Genannten beschreiben. Das aber ist nur in den wenigsten Fällen überhaupt erfaßbar.

Rückschlüsse aus noch so vielen Einzelaspekten sind nur aussichtsreich, wenn sie auf der Grundlage einer Sinn-Analyse gezogen werden: Der Sinn des Hauses (nicht sein Zweck: das darin Schlafen, Essen, Sich-Aufhalten usw.) ist das darin Geborgensein, der Ort, ‚an den man gehört', wo man ganz ‚bei sich selbst ist', der repräsentiert, was man von sich hält und wie man gern gesellschaftlich eingeordnet werden möchte (setzen wir einmal voraus, es handele sich um ein solcherart gestaltetes Haus und nicht um eine benutzte Wohnmaschine).

40

Der Sinn des Hauses vermag dann auch Rückschlüsse auf die verwendeten Materialien erlauben: wie viele Fenster, Türen, Badezimmer...., aber ohne diese Sinn-Beziehungen bleiben alle diese Materialien eben nur Materialien.

Ob ein friedfertiger praktizierender Christ oder Humanist an einer Demonstration teilnimmt; ob er auch einmal in einer ‚alternativen Buchhandlung‘ kauft oder politisch extreme Zusendungen von Randgruppen erhält (wie sie unverlangt fast in jedem Postkasten liegen); ob er unterschiedliche Vortragsveranstaltungen von linksaußen bis rechtsaußen besucht (registriert werden immer nur die zur Zeit gerade Verdächtigten, die dadurch zu den ‚Verdächtigen‘ werden) – all das muß von der ganz anderen Persönlichkeitsstruktur eines fanatisch-neurotischen Monomanen unterschieden werden, der mit seiner unfriedlich gestörten Seele psycho-logisch mehr oder weniger zufällig an den Begriff ‚Frieden‘ geraten ist. Seinen Neurotizismus hätte er auch mit einer ganz anderen Symptomatik ausagieren können.

Ohne eine kritische Differenzialdiagnose aller Symptome auf ihre tatsächliche und nicht nur spontan (‚auf Verdacht‘) angenommene Bedeutung sollte man keine komplexen Urteile fällen.

Es kommt also immer auf den individuellen Sinn eines Zusammenhanges an, den man nicht dadurch ergründen kann, daß man Einzelelemente durch einen induzierten, das heißt willkürlich von außen eingeführten ‚Sinn‘ zu einer Gestalt zusammenfügt, in unserem Beispiel zuvor ‚die innere Sicherheit‘. Mit einem solchem Vorhaben geraten wir sehr schnell in den Bannkreis der sich selbst erfüllenden Prophezeiungen, die dann noch besonders gefährlich werden, wenn man sie wie üblich ‚in der besten Absicht‘ inszeniert. Das Gegenteil von ‚gut‘ ist bekanntlich nicht ‚schlecht‘, sondern ‚gut gemeint‘ (André Maurois), und die schlimmsten solcher Gemein(t)heiten werden von den moralisch wie politisch Gutmeinenden fabriziert. Wenn dies auch noch nicht zum Erfahrungsbestand aller gehört, sollte uns das nicht davon abhalten, zunächst bei uns selbst einen Anfang zu machen.

Als psychologisch besonders interessant kommt noch hinzu, daß sich bestimmte Handlungen durch sich selbst entschuldigen, etwa nach der Devise: Wie kann etwas falsch oder schlecht sein, wenn *ich* es mit meinem bekannt guten Charakter und mit meinen bekannt guten Motiven tue!

41

Und weiter: Bestimmte Gedanken organisieren sich unter dem Gesichtspunkt ‚Erkenntnis‘, ‚Eingebung‘, ‚Idee‘ ganz von selbst. Die junge Wissenschaft der Synergetik hat hierzu interessante Aufschlüsse geliefert. So beschreibt Hermann Hagen in seinem Buch „Erfolgsgeheimnisse der Natur" im Zusammenhang mit schöpferischen Leistungen des Gehirns – und auch ein Verdacht, wie wir ihn zuvor in zwei Fällen skizziert hatten, ist eine solche schöpferische Leistung –, wie aus einem solchen Puzzle im Gehirn „eine Art Phasenübergang stattfindet und vieles vorher Unzusammenhängende plötzlich sinnvoll geordnet erscheint..."[7] „Durch eine Fluktuation ensteht ... eine neue Idee, der es dann gelingt, sich die einzelnen Aspekte unterzuordnen und zu korrelieren, ‚zu versklaven‘. Dies alles geschieht aber wieder völlig selbstorganisiert – auch unsere Gedanken organisieren sich selbst zu neuen Einsichten, zu neuen Erkenntnissen." Und das betrifft die richtigen ebenso wie die falschen.

Dieses Denken in ‚Gestalten‘ und Beziehungsgeflechten, das auch hierin seinen Ausdruck findet, kann sowohl zu höchst bedeutsamen Erkenntnissen wie der Einsteinschen Energieformel führen wie zu den Wahnvorstellungen von Phantasten, Fanatikern und Paranoikern. Logik wird im Gehirn nicht automatisch mitgeliefert – lediglich Psycho-Logik, das, was den Betroffenen ‚gerade einfällt‘; die rationale Kontrolle ist dann erst wieder ein Stück Gedanken-Arbeit.

Das oft willkürliche Beilegen von Ursachen und Gründen (das Attribuieren) hat nämlich – wie die sich selbst organisierenden Einfälle – oftmals eine befreiende Wirkung. Das Ergebnis ist dabei vielfach dasselbe wie bei einer ‚befreienden Tat‘, die nicht selten aus der Ungewißheit des Zweifels am richtigen Entschluß heraus- und in die verzweifelte Gewißheit eines falschen Entschlusses hineingeführt hat. Die modische Coolness von heute, die stoische Gelassenheit von gestern sind die einzig mögliche Voraussetzung für eine Entscheidungsfindung, die unter Ausschaltung aller reflexhaften, instinkthaften psychischen Reaktionen überlegt zu einer angemessenen Lösung führt. Dabei soll man keinesfalls auf sein ‚gutes Gefühl‘ verzichten – nur soll dies die Folge eines rational vorbereiteten Entschlusses sein, nicht dessen Voraussetzung. Wenn man nach einem Entschluß das Gefühl der Erleichterung verspürt, wenn man danach aufsteigt wie ein Heißluftballon in der Morgensonne, dann erfüllt das Gefühl seinen uralten psychologischen Sinn. Es soll bestätigen oder warnen, aber nicht den Verstand ersetzen, präjudizieren, vorentscheiden.

Und selbst dann noch ist es gefährlich, dem Gefühl blind zu vertrauen: Denn glaubt man sich irgendwann einmal auch gegen sein Gefühl entscheiden zu müssen und geht die Sache dann schief, wird man geradezu aufatmend sagen: Ich hab's ja gleich ,gewußt'! Dabei liegt die Ursache des Scheiterns oft erst in diesem retardierenden, bremsenden Gefühl, das möglicherweise unsere Handlungen behindert hat, ohne daß wir uns darüber Rechenschaft gegeben haben. Wir kommen also nie darum herum, eine rationale Kontrolle unserer – wie auch immer zustande gekommenen – Eingebungen, Erkenntnisse oder Entscheidungen vorzunehmen.

Über den kritischen Umgang mit Erfahrungen

Wie gesagt: wir schließen – manchmal richtig, mitunter aber auch falsch – von Teilinformationen auf das Ganze, ohne mit dieser Gewohnheit oder inneren Notwendigkeit immer kritisch umzugehen.
Kritisch heißt: uns nicht gedankenlos von unseren gewohnheitsmäßigen Denkmodellen leiten zu lassen, sondern aus den uns zur Verfügung stehenden Möglichkeiten eine zweckmäßige Auswahl zu treffen. Wie jeder Handwerker sein Werkzeug vor der Arbeit durchmustert, so sollte auch ein Kopfwerker die Instrumente seines Denkapparates mit Überlegung einsetzen.

Eine jener – wie wir meinen vielfach erprobten – Denkweisen ist der Rückgriff auf den Fundus unserer Erfahrungen. Aber auch dabei sind Vorsicht und kritischer Umgang geboten. Unsere Erfahrungen haften an uns wie eine Brille auf der Nase, die wir nicht wieder absetzen können, und nun sehen wir alles, was uns widerfährt, nur noch durch diese Brille. Mancher glaubt sogar, von einem gewissen Lebensalter an so viele Erfahrungen gemacht zu haben, daß er mit dem bis dahin erlangten Fundus für den Rest seines Lebens auskomme und es sich nun erübrige, *neue* Erfahrungen zu machen. Kommt er dennoch zu neuen und mißt dann die neuen mit dem Maßstab der alten, so können die neuen auch nicht viel mehr erbringen als die alten; zu wirklich neuen Erfahrungen gehört auch die Erfahrung unter Umständen neuer angemessener Maßstäbe. Alles andere wäre eine unzulässige Verallgemeinerung, die gerade bei Erfahrungen verhängnisvoll sein kann. Ob etwas richtig oder falsch ist, würden wir sonst nur wie die Ergebnisse eines Multiple-Choice-Tests überprüfen, der mit einer Schablone auf die richtige Plazierung der Ankreuzungen hin untersucht werden kann; dabei bildet das Muster unserer alten Erfahrungen dann die Schablone, mit der wir die neuen Erfahrungen testen, und unsere Eigenliebe billigt dieser Schablone auch noch einen hohen Richtigkeitsstandard zu. Daß die neuen Erfahrungen bestenfalls dann nur so viel wert sein können – und uns auch nur so viel nützen – wie die alten, machen wir uns dabei nicht klar. Es handelt sich ja beim Vergleich zwischen Neuem und Altem nicht um so etwas wie ‚größer‘ oder ‚kleiner‘, sondern um ein ‚richtig‘ oder ‚falsch‘. Eine neue Erfahrung, gemessen an einer alten, kann dann aber bestenfalls nur noch so richtig sei wie eine alte, keinesfalls aber ‚richtiger‘. Denn zu ‚richtig‘ gibt es keine Steigerung, sondern nur eine Alternative, und die heißt ‚falsch‘.

Ironisch wird dieses Verhalten mitunter schon mit stereotypischen Kalendersprüchen glossiert wie: „Das haben wir immer so gemacht!" – „Wo kämen wir hin, wenn..." – „Da könnte ja jeder kommen..." Werden unsere eigenen Vorschläge auf diese Weise von anderen abgelehnt, wissen wir Bescheid: man hat es dann mit jemandem zu tun, der in ewig denselben Bahnen läuft und Standpunktwechsel und Meinungswechsel vermutlich für Charakterschwäche hält. Anders ist es, wenn wir selbst uns mit etwas Neuem befreunden sollen. In diesem Fall ist es schon schwerer, das Fragwürdige eingefahrener Denkwege zu erkennen und liebgewordenen Vorstellungen Lebewohl zu sagen.

Physiologisch liegt die Sache auf der Hand: Jeder unserer Gedanken enerviert bestimmte Verknüpfungen unserer Neuronen, und im Dickicht unserer Nervenbahnen sieht es ‚genauso‘ aus wie in einem Urwald, der von mal häufiger, mal weniger häufig benutzten ‚Trampelpfaden‘ durchzogen wird. Die ersteren – die Pfade unseres gewohnheitsmäßigen Denkens – sind breit ausgetreten, die letzteren noch kaum erkennbar. Auf den ersteren glaubt man sich eigentlich überhaupt nicht verlaufen zu können, auf den letzteren verläuft man sich immer wieder, und deshalb scheut man sie auch. Wie Spaziergänger ihre Lieblingswege bevorzugen, so haben auch Nachdenker ihre Lieblings-Denkwege. Der eine Denker löst seine Probleme am liebsten empirisch und experimentell Schritt für Schritt, der zweite versucht es abstrakt mit Logik, der dritte bevorzugt die Risikomethode, der vierte die Brachialgewalt, der fünfte schwört auf ein diplomatisches Vorgehen. Die Orientierung am Gewohnten ist dabei sowohl Kriterium der Persönlichkeitsstruktur wie der Technik und Spei-

44

cherung von Erfahrungen, wobei sich beides gegenseitig beeinflußt: mal verstärkend, mal abschwächend bis zur Paralysierung.

Reichhaltige Erfahrungen nutzen uns dann etwas, wenn wir im gegebenen Augenblick auch in der Lage sind, nicht nur neue Schlüsse aus alten Erfahrungen zu ziehen, sondern auch wieder ganz neue Erfahrungen zu machen. Sonst merken wir gar nicht, in welchem – mitunter verhängnisvollen Umfang – bestimmte scheinbar naheliegende, ‚selbstverständliche‘ Schlußfolgerungen in unserem Denken ‚Vorfahrt‘ beanspruchen und damit geradewegs zu Vorurteilen führen.

Viele Firmensanierungen scheitern daran, daß die Sanierer ein Unternehmen nach denselben Denkmustern zu reformieren trachten, nach denen es in den Sand gesetzt worden ist: zum Beispiel unter dem suggestiven Vorzeichen ‚Produktivität‘, das scheinbar – als Mangel – für die Ursache so vieler Zusammenbrüche gehalten wird. Um die Produktivität wieder zu verbessern nur das Produktionsangebot auszukämmen, die Produktionsmethoden technisch zu rationalisieren und den Personaletat abzubauen, also Kosten zu sparen, ist noch keine Sanierung. Auch der Chirurg, der dem Kettenraucher das Raucherbein amputiert, einen Lungenflügel oder den Kehlkopf herausschneidet, ‚saniert‘ damit den Kranken ja nicht, er macht ihn lediglich noch für eine Weile lebensfähig. Was den Operationen folgen muß, ist eine neue Einstellung zur Gesundheit und zum Leben – oder für das ‚operierte‘ Unternehmen: eine neue Einstellung zum Markt (siehe hier II.3. Über das strategische Denken, und 4. Über das taktische Denken).

Auch hier steht wieder der Sinn des Einfahrens bewährter Verhaltensmuster, der noch aus der Zeit des tierisch-vorbewußten Denkens stammt (denn auch Tiere lernen aus Erfahrungen), dem Sinn unseres *menschlichen* Erfahrungssammelns gegenüber.

Während das Tier ‚Gestalten‘ registriert (um einmal ein etwas fragwürdiges Bilderbuch-Beispiel zu nennen: den ‚Mann mit Gewehr‘ als Gefahren-Signal), müssen Menschen in der Lage sein, multikonditional Details und Gestalten, getrennt und konfiguriert, wahrzunehmen, zu deuten und zu speichern.

‚Mann‘ ist eine Erfahrung, ‚Gewehr‘ eine andere, ‚Mann mit Gewehr‘, und zwar in bezug zu einem bestimmten ‚Ort‘ (Wald, Schießstand usw.), sind dritte bis wer weiß wie viele Einzelerfahrungen. Unser konstruktives Denkvermögen muß aus Gestalten Details herausfiltern wie aus De-

tails auf wahrgenommene oder auch nur angenommene Gestalten schließen und dabei auch die Risiken eingefahrener Denkwege und Lieblings-
vorstellungen berücksichtigen und möglichst vermeiden. Wir müssen –
im Gegensatz zum Tier – in neuen ,Gestalten' und damit in neuen Erfahrungen auch einen neuen *komplexen* Sinn erkennen können, der über bloße Signale (Gefahr, Futter usw.) hinausgeht. Dabei kann uns aber sogar
einmal unser Streben nach Sinnfindung im Wege stehen, sofern wir nicht
in der Lage sind, ausreichend *selbstkritisch* über uns nachzudenken und
alte Denkmuster zu verlassen. Wir neigen nämlich dazu, das, was wir
subjektiv für sinnvoll halten, auch objektiv als sinnvoll anzusehen. Damit aber bringen wir den Sinn-Zweck-Zusammenhang durcheinander:
Borgward, wie gesagt, war ganz versessen auf das Konstruieren immer
neuer Autotypen; aber was für ihn persönlich als Lebensaufgabe sinnvoll
war, deckte sich nicht mit den Sinnprinzipien des Marktes, denen er zu
dienen hatte. „Sinn" – so hatten wir gesagt – „ist auch immer der Sinn
der anderen", wenn er seine stabilisierende und konstruktive Rollen be-
halten soll.

Über das Denken in Rollen

Jeder von uns ist Träger unterschiedlicher Rollen: hier als Familienange-
höriger – Vater, Mutter, Sohn, Tochter –, dort als Inhaber einer Berufs-
Rolle – Angestellter, Handwerksmeister, Manager – oder als Angehöri-
ger eines Gemeinwesens, also als Bürger, Steuerzahler, Bürgermeister,
Parteimitglied und anderes mehr.
Auch das Denken in Rollen ist Ausdruck unserer Fähigkeit des Gestalt-
Sehens und des Denkens in Beziehungen.
Rollen gliedern eine Gesellschaft und machen die Einordnung ihrer Mit-
glieder *durchschaubar* und deren Verhalten – als rollenkonform – *vor-
hersehbar.* Solange jeder seine Rolle auch erwartungsgemäß spielt, ist al-
les in Ordnung; nur wenn jemand ,aus der Rolle fällt', zieht er sich den
Unwillen der anderen zu, weil dann die gewohnte Ordnung – die eine
Ordnung des erwarteten Rollenverhaltens und der Rollenidentität jedes
einzelnen ist – als gefährdet gilt.

Der Vorteil einer solchen Rollengliederung kann aber auch ihr Nachteil
sein – dann nämlich, wenn sich daraus ein allzu selbstverständliches und

46

unreflektiertes, sozusagen automatisches Rollendenken entwickelt. „Nanu, der ist doch in der XY-Partei, wie kann er da...!" – „Von einem Bürgermeister hätte ich anderes erwartet!" – „Als Mitglied des Elektrofachverbandes müßte er aber eigentlich dagegen sein..."

In dem Augenblick, in dem wir die Rollenzugehörigkeit unserer Zeitgenossen ‚zu eng sehen' und dabei auch noch von einer Hierarchie der Rollen ausgehen – von einem Bürgermeister erwartet man weder, daß er Steuern hinterzieht, noch seine Frau hintergeht, noch seine Partei wechselt, während wir bei einem Vorbestraften ‚auf alles gefaßt' sind –, vergewaltigen wir die Wirklichkeit. Jegliche Reduktion von Komplexität hat zwei Seiten: einmal erleichtert sie das Leben, und zum anderen verengt sie das Bewußtsein.

Auf der Messe sieht Herr X seinen Mitbewerber Y im lebhaften Gespräch mit dem von ihm selbst, X, umworbenen Lieferanten Z. Man hätte auch sagen können, ein Herr X sieht einen Herrn Y im Gespräch mit einem Herrn Z. Aber für X existiert Y nicht in der ganzen Vielfalt seiner Lebensbeziehungen, sondern reduziert auf die Rolle eines Mitbewerbers. Auch Z ist nicht ‚Z als Z', sondern Z als Lieferant. Würde X einmal alle seine Bekannten und Freunde einzuschätzen haben, so würden bei ihm die meisten unter wirtschaftlichen Gesichtspunkten eingeordnet werden. Herr X kann nun einmal nur in Wirtschaftsrollen denken.

Das ist kein verzerrter Ausschnitt aus der Wirklichkeit, sondern eher ein üblicherweiser verengter, wobei es eine Unzahl von Möglichkeiten gibt, die Realität zu vergewaltigen. Unternehmer und Manager, Gewerkschafter und Geistliche, Politiker und Umweltschützer oder wer auch immer einen ganz besonderen Standpunkt bei seinem Denken behauptet, sie alle neigen dazu, das, was sie ‚ihre' Welt nennen, auf diese Weise sozusagen mit ‚zusammengekniffenen' Augen zu sehen. Was für Politiker die berüchtigte Schwarz-Weiß-Malerei ist – oder in den Farben militärischer Sandkastenspiele das Blau-Rot-Feindbild, das Freund-Feind-Denken –, das findet sich auch im sonstigen Denken mit unterschiedlichen Schwerpunkten wieder: Reduzierung der komplexen Realität auf nur noch schwach sinnige Rollen-Spiele.

Ob sich Y und Z vielleicht nur deshalb unterhielten, weil sie sich vor kurzem zufällig in den USA begegnet waren oder gemeinsame Rotary-Interessen haben, steht außerhalb jeder Überlegung. Unsere – uns angeborene – Fähigkeit, ‚Gestalten' zu sehen und in Zusammenhängen zu denken, zwingt uns noch beim möglichen Ausfall der Selbstkontrolle dieses Rollen-Schema einfach auf.

Dabei stehen wir vor demselben Dilemma, das uns auch schon zuvor beschäftigt hat: Wie ist es um unsere Realitätseinschätzung bestellt, wie können wir wirtschaftlich, politisch und auch sonst vernünftig handeln, wenn wir mit unseren biologisch einprogrammierten Denkmustern nicht kritisch umgehen, so daß sich schließlich der Sinn dieser Muster gegen uns wendet? Denn sinnvoll war und ist das Rollen-Denken allemal. Es vermittelt vor allem Sicherheit und erleichtert Entscheidungen. Unseren heutigen gesellschaftlichen Rollen-Schemata gingen die einfachen Feind-Nichtfeind-/ Beute-Nichtbeute-/Geschlechtspartner-Nichtgeschlechtspartner-Bilder in der Zeit des tierisch-vorbewußten Handelns voraus. Ausgelöst durch Duft oder sonstige Reize (Töne, Farben, Formen) konnte nach diesen einprogrammierten Denkschablonen ‚bedenkenlos' und nahezu immer richtig gehandelt werden.

Auch unsere heutigen gesellschaftlichen Rollen – so rational sie entstanden sein mögen – haben es an sich, daß sie, erst einmal etabliert, gehandhabt werden, als seien es angeborene Instinktmuster. Solange dies nur im ersten Ansatz der Fall ist, dem dann eine kritisch-rationale Überprüfung folgt, mag dies berechtigt sein, denn ein Rollen-Schema hat zunächst ‚die Erfahrung' für sich.

Zur Erfahrung gehört aber auch, daß jemand eben doch ‚aus der Rollen fallen' kann, und gerade darin liegen die größeren Chancen. Erbfeinde werden zu Erbfreunden, Gegner werden zu Verbündeten, Konkurrenten zu Partnern. Interessen ändern sich nicht gerade selten, und vor allem: sie können bewußt verändert werden.

Rollen-Denken ist nützlich, aber es ist auch bequem, weil es uns aufwendige Überlegungen und Entscheidungen erspart und unser soziales Umfeld auf jene Rollen hin reduziert, von denen wir meinen, daß sie den Umgang mit den jeweiligen Rollen-Inhabern verläßlicher machen. Aber gerade darin liegen auch die Schwächen dieser Denkweise: sie erschwert konstruktives Denken und Handeln, weil sie scheinbar Unwahrscheinliches ausschließt, und gerade das ist es, was so oft die Welt verändert hat. Nicht wenige Erfindungen und Entdeckungen wurden zunächst von Leuten gemacht, von denen man ‚so etwas' gar nicht erwartet hatte, und deshalb blieben ihre Entdeckungen oft auch weiterhin unbekannt, bis dann später ein scheinbar Berufener kam... Auch im Unternehmensalltag geschieht es nicht selten, daß gute Vorschläge deshalb kein Gehör finden, weil sie nicht von denen kommen, die rollengemäß dafür zuständig gewesen wären. Ein differenzierteres Rollen-Verständnis stünde also manchem gut zu Gesicht.

Lag der Sinn des instinktiven Schema-Handelns darin, die jahrmillionenalte Erfahrung des Artverhaltens für das einzelne Individuum nutzbar zu machen, so müssen wir heute den Sinn unseres selbst-bewußten Handelns darin sehen, jeden Tag *neue* Erfahrungen zu machen und diese durch Weitersagen *zeitgleich* und nicht erst über Generationen hin ‚weiterzuvererben'. Das bedeutet nicht zuletzt: kritisches und vor allem selbstkritisches Rollen-Denken, Eingeständnis nicht nur der Rollen-*Vielfalt,* sondern auch der Rollen-*Instabilität* in unserer Umwelt − und das wiederum heißt: komplexere Umwelt − und das wiederum heißt: komplexere Umwelterfahrungen und *Rückzug aus einem möglichst weitreichenden Sicherheitsdenken.*

Über Symbole und Rituale

Zum Denken in Zusammenhängen gehört auch das Kommunizieren mit Hilfe von Symbolen und Ritualen. Erstere sind bekanntlich Zeichen, die mehr bedeuten, als sie be-zeichnen. Ein Kreuz zeigt zwar nur zwei rechtwinklig übereinander gelegten Balken oder Striche, aber welche Fülle von Bedeutungen zeichnet es aus: Wegekreuzung, Signum christlicher Erlösung, Heilung verheißendes Symbol wie beim ‚Roten Kreuz' oder ‚Blauen Kreuz'; mit verkürztem Oberbalken als Baumsymbol (Lebensbaum), umgeben von einem Radkranz oder mit abgeknickten Balkenenden als Verdeutlichung des dahineilenden Jahres wie beim Hakenkreuz, der alten indogermanischen Swastika.

Symbole haben mit ihrem − dem Außenstehenden nicht immer verständlichen − Hintersinn eine über die reine Zeichenfunktion hinausgehende Bedeutung, die sich dem Eingeweihten jedoch ohne Erklärungen offenbart. Das gilt nicht nur für mythisch-magische Symbole und symbolische Handlungen im religiösen Bereich, sondern auch für ganz banale Zusammenhänge: Wenn der mittlere Angestellte X auf dem Firmenparkplatz mit einem Porsche 911 auf‚kreuzt', dann wissen alle, was das bedeutet, denn das Auto ist nicht nur Fortbewegungsmittel, sondern demonstratives und in diesem Falle auch noch präsumptives Status-Symbol. Stellt sich der Chef in der Werkskantine als Fünfzigster mit in die Warteschlange vor der Essenausgabe, wissen alle, daß die neuen Glocken der Unternehmenskultur geschlagen haben.

Symbole – und Rituale als symbolische Handlungen – stellen zwar etwas dar, manchmal tun sie aber auch nur so. Sie suggerieren Kommunikation, aber sie verschleiern sie auch – wie die Bruderküsse östlicher Politiker. Dubcek wurde seinerzeit im Kreml erst geküßt und dann geschaßt. Symbole und Rituale haben zwar immer noch ihren Sinn, aber oft keinen Zweck mehr.

Das christliche Kreuz an der Kirchenwand verdeutlicht nur noch religiösen Sinn, aber dient keinem Zweck – im Unterschied zu einem Straßenverkehrsschild „Wegekreuzung", das für den unmittelbaren Zweck „Orientierung" und den übergeordneten Sinn „Ordnung" im Straßenverkehr steht.

Während Fahnen in früheren Zeiten den Zweck einer konkreten Identifizierung derer hatten, die eine Fahne führten („Hier steht Heinrich der Löwe!" – „Hier kämpft Albrecht der Bär!"), war ihnen darüber hinaus auch noch ein magischer Sinn eigen, nämlich die Einverleibung jener Kräfte, die den – meist Tier- – Symbolen beigelegt wurden. Heute dienen Fahnen keinem Orientierungszweck mehr; man kennt ohnehin diejenigen, die ihnen folgen, denn wir verfügen über zahllose Orientierungsmöglichkeiten, die früheren Zeiten nicht zur Verfügung standen: Schrifttafeln, Zeitungen, Rundfunkansagen, Fernsehbilder und anderes mehr. Geblieben ist die Symbolik mit ihrem Sinn.

Bei den Ritualen ist dies noch deutlicher: Die feierliche Parlamentseröffnung im englischen Unterhaus, eine kirchliche Prozession, das Absingen der Nationalhymnen zu Beginn von sportlichen Weltmeisterschaften, bestimmte Rituale in unseren Gerichtsverhandlungen (das Aufstehen beim Verlesen des Urteils hat wie die Roben der Richter und Anwälte weder etwas mit Gerechtigkeit noch mit Wahrheitssuche zu tun) – all das ist nur noch sinnhafte Zeremonie ohne jeden Zweck.

Aber auch als Ritual ist vieles bereits zur bloßen Gewohnheit abgesunken und zur Belanglosigkeit erstarrt und wird bei allem Pathos von niemandem mehr so recht ernst genommen, sofern nicht gerade die Eitelkeit ihre Blüten treibt wie im internationalen Protokoll, denken wir nur an den roten Teppich. Der Sinn der Rituale liegt mehr in einer Art Verheißung als in der Bestätigung dessen, wofür sie stehen, und das Vertrauen in ihre Einlösung beruht eigentlich nur auf dem blinden Glauben an das unveränderlich Zeremonielle ihres Ablaufs. In dem Maße, in dem Rituale zu Stereotypen geworden sind, haben sie an Gewicht und schließlich an Wahrheit verloren. Erst ihr Fortfall hätte wieder Signalwirkung und damit Sinn. Nehmen wir einmal an, wir würden eines schönen friedlichen Tages die militärischen ‚Ehrenkompanien' abschaffen, an denen diplomatische Besucher vorbeiparadieren.

Da wir sinn-orientiert denken wollen, sollten wir nicht nur Symbole, sondern auch Rituale mißtrauisch be-denken. Rituale sind praktizierte, ausagierte Symbolik und verführen noch mehr zum inhaltslosen Vollzug als die nur noch gedankenlose Verwendung von Symbolen. Sie sind – je mehr der Glaube an den dahinterstehenden Sinn schwindet – nur noch Vortäuschung von Sinn. Viele unserer Symbole und Rituale sind fragwürdig geworden wie Schlagworte: ‚Im Namen des Volkes' oder billig wie Werbeslogans: ‚Nichts wäscht weißer'… Klopft man sie – wie zahllose andere Floskeln, Aufrufe und Appelle von Funktionären aus allen gesellschaftlichen Bereichen – auf ihren tatsächlichen Inhalt ab, ergibt sich ein manchmal geradezu erbarmungswürdiger Sinn, dem der Normalbürger oft nur deshalb noch mißtrauisch nachlauscht, weil er sich gar nicht vorstellen kann, daß der Herr General, Generalsekretär oder Generaldirektor tatsächlich auch ‚nichts' weiter zu sagen beabsichtigte oder zu sagen hatte.

Deshalb ist es um so notwendiger, die Frage nach dem Sinn zu stellen – dem Sinn des Gesagten wie des oft Nichtgesagten – und uns von der Suggestion längst sinn-entleerter Symbole und Rituale freizumachen.

Wir nehmen wahr in Zusammenhängen. Aber diese Zusammenhänge sind keinesfalls immer Ausschnitte der Wirklichkeit, sondern oft willkürliche Konstrukte von Wirklichkeit. Am Beispiel des Niedergangs der totalen Planwirtschaft haben wir gesehen, daß sie letztlich eine Wahn-Wirtschaft war und ist – beherrscht von den Symbolen und Ritualen einer Ideologie, die ihren Sinn längst verloren hat: nämlich der Selbsterhaltung des Systems zu dienen und damit seiner Dienstleistungsfähigkeit gegenüber den übergeordneten Systemen. Der Zweck – das Planhafte – war längst zum Selbstzweck geworden.

Schauen wir uns kritisch um: Klopfen wir die Symbole darauf ab, ob sie nicht allzu hohl klingen, und überprüfen wir die Rituale. Was ist daran nur noch Requisit, was nur noch Maske oder Masche? Horchen wir auf die Sprache. Mißtrauen wir jeglicher Suggestivität und gehen wir schon deshalb den Schlagworten aus dem Wege genauso wie dem Pathos, den konstruierten Wohllauten wie den gestelzten Gewichtigkeiten; vertrauen wir eher den „unfrisierten Gedanken"[8] (Lec).

Über das ‚stereoskopische' Denken und das Denken in Zeit-Perspektiven

Bekanntlich erfolgen viele Konkurserklärungen nicht nur im strafrechtlichen Sinne zu spät. Man hat auf den nächsten Auftrag gewartet, der ‚alles herausgerissen hätte' und der dann doch nicht kam. Eine solche, manchmal von verzweifeltem Wunschdenken geprägte Sicht der Realität ist nicht Optimismus oder Beharrlichkeit, sondern das Verkennen einer derjenigen Bedingungen, unter denen menschliche Wahrnehmung und Wertung stattfinden. Ehe man seine Freunde um Rat fragt – auch das sollte man tun –, sollte man auch einmal in Erfahrung zu bringen versuchen, was einem die Feinde wünschen. Wenn man einen entfernt liegenden Punkt anpeilen will, tut man dies von zwei möglichst *weit* auseinanderliegenden Positionen aus – je weiter, um so besser. So sollte man auch bei wichtigen Entscheidungen verfahren. Die Natur hat den höher entwickelten Lebewesen die Fähigkeit des stereoskopischen Sehens verliehen: mit zwei Augen *einen* Gegenstand anvisieren zu können. Wir sollten uns des Vorteils bewußt sein, über einen Gegenstand aus mehreren Perspektiven nachdenken, sozusagen ‚stereoskopisch' denken zu können, von mehreren Positionen aus und unter Berücksichtigung unterschiedlicher Erwartungen. Auch wenn unsere Feinde sich kaum befragen lassen, so können wir uns jedoch vorstellen, wie jene an unserer Stelle denken und handeln würden.

Aus alledem: was wir selbst gern wollen, wozu uns unsere Freunde raten und unsere Feinde raten würden, sollten wir unsere Schlüsse ziehen. Bekanntlich kann man zu jedem Gutachten oft ein oder mehrere Gegengutachten bekommen, es kommt dabei vor allem auf den Standpunkt an, den der Gutachter einnimmt. Selten gibt es daher auch nur *eine* richtige Problemlösung. Viele Ziele lassen sich auf unterschiedlichen Wegen erreichen, und auf einem Wege kann man auch an mehrere Ziele gelangen. Wie wir später noch im Zusammenhang mit dem Begriff ‚Planung‘ sehen werden, geht es unter den heutigen Bedingungen vor allem darum, in Alternativen zu denken. Auch das hat etwas mit dem ‚stereoskopischen Denken‘ zu tun, das die Unschärfen und Verzerrungen üblicher Wirklichkeitseinschätzungen erheblich abmildern kann.

Diese Stereoskopie gilt jedoch nicht nur auf der räumlichen, sondern auch auf der zeitlichen Ebene: Nicht nur fragen, welche unterschiedlichen Ausgangspunkte und Bewertungen gibt es *jetzt* und in jenem Zukunftsbereich, in dem sich übliche Entscheidungen vollziehen. Manche Probleme haben eine eigene zeitliche oder gar historische Dimension. Was gestern richtig war, kann heute falsch sein und umgekehrt. Wenn je ein Politiker die entgegengesetzte Meinung vertritt, so ist ihm weniger sein ‚Irrtum‘ von damals als die Fehleinschätzung der Zeitlichkeit seiner Bewertungsmaßstäbe anzulasten. Das betrifft auch eine Vielzahl anderer Probleme. Die in den Jahren der Hochkonjunktur von scheinbar cleveren Unternehmern eingeschmuggelten Türken, die echten wie die falschen Asylanten, unsere Einstellung zu ‚Fremden‘ überhaupt, die Rolle der Kohle (weniger in unserer Energie- als in unserer Beschäftigungspolitik), die Sonntagsarbeit, die Sicherheitspolitik, die Rolle der Frauen in Wirtschaft und Öffentlichkeit – alle diese Fragen sind nur unter Berücksichtigung ihrer geschichtlichen Dimension verständlich und lösbar. Sie zeigen, daß auch Historizität einer jener Blickpunkte sein kann, von dem aus Probleme ihre eigentliche, ihre unverzerrte Wirklichkeit erst enthüllen.

Der Mensch ist ein Mittelwesen. Den Sinn unserer Weiterentwicklung über das Instinkthafte hinaus, das wir noch viel zu oft gerade im Geschäftsleben als unser ‚gutes Gefühl‘, als ‚Nase für etwas‘ oder als ‚sechsten Sinn‘ mystifizieren, werden wir nur erfüllen können, wenn wir uns in einer zunehmend komplexeren Welt auf die Notwendigkeit multikonditionaler Wahrnehmungs- und Entscheidungsprozesse besinnen, um daraus Nutzen zu ziehen. Was wir zuvor über den Umgang mit Erfahrungen gesagt hatten: die Gefährlichkeit ihrer Verallgemeinerungen und das oftmalige Fehlen neuer Maßstäbe für ihre Bewertung kennzeichnet bereits diesen zeitperspektivischen Aspekt. Erfahrungen – so ähnlich sie untereinander sein mögen – sind in dem Augenblick, in dem wir sie machen, immer neu („niemand steigt zweimal in denselben Fluß", sagt das indische Sprichwort), aber die Bewertungsmaßstäbe sind es nicht, und sie machen uns deutlich, ob wir gegebenenfalls auch die erforderliche Zeitperspektive sinnvoll in Ansatz gebracht haben.

4. Über das produktive Denken

Strukturen erkennen

Denken heißt Vorstellungen (Bilder) und Empfindungen (Emotionen), die auf dem Monitor unseres Gehirns erscheinen, in sinnvollen Zusammenhängen zu reflektieren.

Konstruktives Denken (siehe das vorangegangene Kapitel) macht uns diese Zusammenhänge unter den Bedingungen eines angeborenen Gestalt-Wahrnehmens und in Gestalten-Denkens und damit auch eines Denkens in Ursache-Wirkungsbeziehungen deutlich. Ohne die Fähigkeit und (aufgrund unserer Gehirnkonstruktion auch ohne diese) Zwangsläufigkeit des So-und-nicht-anders-Denkens wären wir nicht in der Lage, etwas gedanklich ‚zusammenzusetzen‘, zu konstruieren.

Produktives Denken hingegen will etwas hervorbringen, produzieren (lateinisch: producere = hervorbringen), und zwar eine Problemlösung. Dabei geht es darum, in sich verknäulte Beziehungen gedanklich zu entwirren, zu ordnen und auf ein Ziel hin auszurichten und sich, falls erforderlich, über Wege und Mittel den Kopf zu zerbrechen (siehe hierzu ähnlich II. 4. Über das taktische Denken).

Immer geht es darum, den Gesamtzusammenhang eines Problems, dessen Strukturcharakter zu erfassen, so zum Beispiel, wenn ein Schüler bei einer mathematischen Aufgabe herausfinden soll, auf welche Weise sich ohne einfaches Addieren die Summe einer Reihe von 1-2-3-4-5-6-7-8-9 ermitteln ließe: die berühmte Aufgabe des sechsjährigen Gauß. (Lösung: die Zahl 5 als Mittelzahl der Reihe mit der Anzahl der Glieder der Reihe, 9, multiplizieren = 45). Auch wenn ein Manager dahinterkommen will, warum im Verkaufsbezirk A der Absatz stagniert – immer heißt es, einen Gesamtzusammenhang zu erfassen, ein Strukturproblem zu erkennen und nicht einfach von B auf C zu schließen.

Natürlich kann man sich als Verkaufsleiter auch selbst einmal acht Tage auf die Straße stellen und eine Ware anbieten (für Leitende eine hervorragende Gelegenheit, einmal wieder ‚zu den Quellen‘ vorzustoßen). Manchmal hilft auch das, und man kann all das ausprobieren, was einem die eigene Erfahrung an Denkmustern zur Verfügung stellt. Aber alte Erfahrungen reichen nicht aus, wir sprachen bereits davon, man muß auch fähig sein, neue Erfahrungen zu machen – und man muß umdenken können. Vielleicht läßt sich eine Aufgabe gar nicht geradlinig lösen – vielleicht muß man Umwege machen, vielleicht liegt das Problem gar nicht bei den Kunden, sondern bei den Verkäufern – vielleicht weder bei den einen noch bei den anderen, sondern darin, daß Jack the Ripper umgeht und sich niemand auf die Straße traut. Einen Nachtclub kann so etwas schon ruinieren, wie Gift eine Volksküche oder eine Gasexplosion ein Hotel.

Stellen wir uns eine ganz einfache Umdenkungsaufgabe vor: Ein Verkaufsfahrer soll einmal am Tag an einer ganz bestimmten Stelle neue Ware übernehmen – aber wo am besten? Er fährt zwar jeden Tag um dieselbe Zeit von seinem jeweiligen Ausgangspunkt los – mal von der Stadt aufs Land und dann wieder zurück vom Land zur Stadt. Aber im Landbezirk ist meist der Verkehr zügiger, dafür dauert dort durchschnittlich das Abladen länger als in der Stadt, mit der rein rechnerischen Mitte nach Kilometern ist es nicht getan. Wo wäre also der geeignete Ort einer mittleren Fahrzeit oder Entfernung vom jeweiligen Ausgangspunkt?

Man kann nun empirisch eine Reihe von Daten ermitteln und schrittweise ausprobieren und dann eine Rechnung aufstellen oder gar, ein geeignetes Programm vorausgesetzt, den Computer befragen. Man kann aber auch einmal versuchsweise *zwei* Verkaufsfahrer einsetzen (oder simulieren) und einfach zusehen, wo sie sich treffen, wenn sie beide am *selben* Tage zum selben Zeitpunkt losfahren, und zwar unter den Bedingungen, unter denen sonst *ein* Fahrer an *zwei* Tagen seine Tour macht. Die Lösung liegt in dem Sich-Lösen von der Untersuchungsbedingung ‚ein Fahrer‘ und ‚ein Tag‘, also im Umstruktuieren der Aufgabe selbst.

K. Duncker[9] hat (nach Oerter[10]) vor fünfzig Jahren ein Uhrpendelproblem offeriert, bei dem sich die Lösung auf die materialtechnische Frage konzentrierte, wie man eine Materialausdehnung des Pendels durch Abkehr vom traditionellen Denken so kompensieren könnte, daß dadurch keine Beeinträchtigung der Zeitmessung erfolgte. Er nannte das „Problemtransformation".

Solche Transformationen sind vor allem dann erforderlich, wenn ein Problem besonders ‚komplex‘ ist wie beispielsweise die Sanierung eines Unternehmens. Zuerst muß man einmal genau wissen, was man überhaupt (alles) will, und komplexere Zielsetzungen bedürfen dann einer genauen Ziel-Analyse. Will man das Unternehmen unter Umständen bloß dem Namen nach fortbestehen lassen? Will man es einem bestimmten Eigentümer (Person, Familie, Gesellschafterkreis) sichern? Will man technische Anlagen ihrem Wert nach erhalten, oder liegen einem vor allem Arbeitsplätze am Herzen? Oder will man nur noch Kasse machen, wieviel auch immer dabei herauskommt? Von der markt-politischen Umstrukturierung über den bloßen Anlagenverkauf, die Verlagerung der Produktion ins Ausland, den Übergang aller Einrichtungen an die Belegschaft, die dann auf einmal selbst unternehmerisch tätig würde und vielleicht alle sozialen Besitzstände suspendieren müßte, ist dann alles drin. Je schärfer man dabei das eine oder das andere oder auch alle Ziele gleichzeitig ins Auge faßt, um so deutlicher treten dann Fragen auf wie diese: Welcher Handlungsspielraum wird durch welche Zielvorgabe eingeräumt (zeitlich, finanziell, rechtlich usw.) – worauf kann man gegebenenfalls verzichten (Prioritäten), welches Teilziel geht welchem anderen voraus? Wie läßt sich schließlich die ursprüngliche Zielansprache unter den vorliegenden Prämissen neu und vielleicht ganz anders formulieren: worauf läuft das ganze Vorhaben schließlich hinaus? Und wenn sich eine ‚positive Beschreibung‘ der erwünschten Sachlage als zu schwierig erweist: Läßt sich möglicherweise einfacher beschreiben, was man unter allen Umständen *verhindern* will? Dabei muß man darauf achten, nicht in die Fallstricke früherer Erfahrungen, geheiligter Traditionen und ‚eiserner Grundsätze‘ zu geraten, denn nicht falsches ‚Handeln‘ hat in die Bredouille geführt, sondern falsches Denken.

Sofern das konstruktive Denken als Problemlösungs-Denken mit einer möglichst genauen und zutreffenden Problem-Beschreibung beginnt, ist man damit aber auch schon auf dem Wege zur Problem-Lösung selbst – nach dem Motto: „Die präziseste Fassung des Problems ist zugleich seine Lösung" (Oerter), wie jede genau gestellte Frage nach einem Problem die wesentlichen Elemente der Antwort bereits in sich trägt. Und weiterhin: Die einfachste Lösung eines Problems ist auch die beste. Im übrigen gibt es nicht wenige Probleme, für die es mehrere – mitunter sogar gleich gute oder auch nur gleich schlechte – Lösungen gibt, und es gibt Probleme, die sich überhaupt nicht lösen lassen. Auch das möglichst frühzeitig zu erkennen ist notwendig.

Ausgangspunkte der Konzeptentwicklung

Daß man zunächst aus einem ‚großen‘, einem sehr ‚verwickelten‘ Problem durch Auseinanderwickeln *eine Reihe von kleineren machen, diese in der Reihenfolge der Dringlichkeit ordnen und dann mit dem wichtigsten beginnen soll,* gehört schon zum ABC des Problemlösens. Dabei hat man noch die Chance, daß nach Klärung der ersten Teilprobleme meist einige der nachgeordneten von selbst absterben.

Zu beachten ist jedoch noch der Unterschied von ‚dringlich‘ und ‚wichtig‘. Es kann dringliche Probleme geben, die nur innerhalb einer bestimmten Zeitspanne gelöst werden können, aber nicht allzu wichtig sind, und es gibt wichtige Probleme, die nicht allzu dringlich sind. Unsere angeborene Neigung, die zeitlich drängenden Probleme unreflektiert auch für die zunächst wichtigeren zu halten, kann uns hier manchen Streich spielen. Auch das psychologische Phänomen, daß ungelöste Probleme auf uns einen Lösungsdruck ausüben, den sogenannten Zigarnik-Effekt, kann dazu führen, daß sich solche ungelösten Probleme in unsere Wichtigkeitsskala an einer unzutreffenden Stelle hineinmogeln. Da Zeit zu den nicht reproduktionsfähigen Faktoren gehört (‚hin ist hin‘ gilt vor allem für die Zeit!), sollte vom Denkansatz her unsere erste Aufmerksamkeit den dringlichen Problemen gelten, aus denen dann die obendrein noch wichtigen an die erste Stelle zu setzen wären. Deshalb gehören alle ‚weniger wichtigen‘ Ziele (nicht aber die ‚weniger dringlichen, aber wichtigen‘) in die ‚Wiedervorlage‘.

Dabei ist zu beachten, daß ‚wichtig‘ und ‚dringlich‘, so sehr diese Kriterien nach Objektivität und Sachlichkeit klingen, in der Praxis unter einer erstaunlichen Subjektivität leiden. Man kann zwar jemanden fragen, was er wohl beim Brand seines Hauses zuerst retten würde, und man bekäme voraussichtlich eine sehr überzeugt klingende Antwort. Aber wenn man ihm dann wirklich das Haus über dem Kopf ansteckte, wäre man vermutlich erstaunt, was er tatsächlich als erstes in Sicherheit brächte.

Wir wollen an dieser Stelle keine Übersicht über die verschiedenen Methoden des Problemlösungsverhaltens bieten, dafür sind Seminare besser geeignet, aber wir können kurz ein paar Denkhinweise skizzieren, um Ausgangspunkte einer geeigneten Konzeptenentwicklung zu gewinnen:

58

- *Interpolieren* – Wenn wir zwar über eine klare Zielvorstellung verfügen, jedoch nicht über ausreichende Details, um eine befriedigende Problembeschreibung zu erstellen, müssen wir interpolieren. Wir müssen das an ‚Zwischenräumen‘, Zwischengliedern und Teilaspekten ersetzen und auffüllen, was uns für eine lückenlose Beschreibung fehlt. Meist bezieht sich eine solche Interpolierung auf solche Angaben, von denen die Mittel- und Wege-Beschreibung abhängen. Überlegt jemand, auf welche Weise (Mittel, Wege) sich bei einer Firmen-Neugründung ein ganz bestimmter Unternehmenszweck verwirklichen läßt, würde er interpolieren. Dabei dient das Ziel, der angestrebte Unternehmenszweck, als Richtungsmarke und Orientierungsgröße, von denen aus die zu ersetzenden Angaben als angemessen oder unzureichend eingeschätzt werden können.
- *Extrapolieren* bedeutet demgegenüber, daß bei vorhandenen Mitteln und Möglichkeiten auf eine neue Generalorientierung geschlossen werden soll, auf neue Ziele. So können zum Beispiel moderne Produktionsanlagen vorhanden sein und gewisse finanzielle Mittel, darüber hinaus steht vielleicht auch noch ein leistungsfähiger Vertriebsapparat zur Verfügung, aber die Unternehmensleitung muß überlegen, ob das bisherige Angebot noch marktkonform ist und wohin die Reise unter Umständen in der weiteren Zukunft gehen soll (siehe hierzu auch II. 3. Über das strategische Denken).

Von einem realistischen Ziel her die geeigneten Mittel und Wege aufzuspüren, ist mitunter schon nicht ganz leicht. Wesentlich schwieriger ist es jedoch, Mittel und Wege, von denen man ungern abgehen möchte, weil man sich ihrer sicher weiß, auf ein noch unbekanntes Ziel auszurichten. Die Gefahr, sich allzu sehr von den vertrauten Gegebenheiten und liebgewordenen Gewohnheiten bestimmen zu lassen und gerade dadurch die wirklichen Chancen zu verfehlen, die vielleicht ganz woanders liegen, ist nicht gering. Wenn Goethe sagt: „Warum in die Ferne schweifen, seht, das Gute liegt so nah!“, sollten *wir* von vornherein ‚Nähe‘ und ‚Ferne‘ zur Disposition stellen. Ein Produktionsort ist weder ‚nah‘ noch ‚fern‘ (Sauerland oder Malaysia), sondern nur ‚wirtschaftlich‘ oder nicht. *Alle* Überlegungen, die denkgewohnheitsmäßig naheliegenden wie die entfernteren, die wahrscheinlichen wie die weniger wahrscheinlichen, müssen geprüft werden. Kein Einfall (Psychologie des Brainstormings!) ist so ‚dumm‘, daß in ihm nicht der Keim eines weniger dummen liegen mag, der Ausgangspunkt für geradezu geniale Überlegungen sein könnte. Newton soll zu den Gravitationsgesetzen durch das Herabfallen eines Apfels angeregt worden sein, und Archimedes hat „Heureka!" bekanntlich in der Badewanne gerufen, als ihm ein Licht über das Prinzip des spezifischen Gewichts aufgegangen war. Beide Male hat es sich keineswegs um irgendwelche besonders herausragende Situationen gehandelt.

• Das Problem des *Umstrukturierens* hatten wir bereits als ein wichtiges Element des Problemlösungsansatzes festgestellt. Es basiert darauf, daß nicht die einzelnen Elemente eines Problems, seine Bestandteile und Einzelaspekte, für die Lösung entscheidend sind, sondern die Gesamtstruktur, seine ganzheitliche Problematik.

Dieses Umstrukturieren erfolgt dabei keinesfalls immer so systematisch, wie es im Vorausgegangenen den Anschein hatte. Es handelt sich dabei eher um einen psychologischen als einen unbedingt logischen Vorgang, dessen Ergebnis wir noch logisch überprüfen müssen, um sicher zu sein, einen wirklich brauchbaren Lösungsweg gefunden zu haben. Mitunter ,fallen einem Lösungen auch ein', als Eingebungen und Erleuchtung, und das nicht nur im Wachen, sondern auch im Traum. So soll Bergius das Modell der Benzolringe geträumt haben. (Zu den dabei möglichen hirnphysiologischen Prozessen siehe I. 5. Über das intuitive Denken). Bei vielen naturwissenschaftlichen Problemen inklusive der Mathematik gelingen Lösungen oft erst, wenn man die Anfangsstruktur des Problems aufgegeben hat, sozusagen ,die gewohnte Sicht der Dinge', und man von einer veränderten, einer ,defekten Gestalt' ausgeht. Je weniger vorformuliert und formalisiert sich die Ausgangslage darstellt, um so weniger verfallen wir dann automatisch in scheinbar selbstverständliche Denkschemata, und um so weniger beeinflußt und mit um so weniger Vorurteilen scheinen sich in unserem Denken die buchstäblich entscheidenden Kriterien selbst zu organisieren. Über selbstorganisierende Gedankenabläufe hatten wir zuvor ja schon gesprochen. Das klingt wie ein Widerspruch zu unserer obigen Feststellung, nach der eine Problemlösung um so leichter falle, je genauer bereits die Zielbeschreibung sei. Es liegt jedoch kein Widerspruch vor, sondern jeweils eine andere Ausgangssituation: Verfüge ich tatsächlich bereits über eine so genaue Zielvorstellung, daß ich diese mit beinah allen ihren Implikationen beschreiben kann, dann bin ich auch der Problemlösung schon sehr nahe.

Weist das Problem oder Ziel jedoch noch eine Reihe von Unschärfen auf, dann sollte man das kreative Denkvermögen der mit der Lösung Befaßten nicht durch hinzu konstruierte oder noch vage Rahmenbedingungen oder Begleitinformationen einengen.

Nach dem zuvor Gesagten leuchtet dies auch ein: Vorstrukturierte Fragen werden hinsichtlich ihrer Beantwortung von den vorgegebenen Strukturen selbst behindert. Der freie Flug der Gedanken ordnet sich nahezu automatisch den Denkschemata unter, von denen auch diese Strukturen geprägt worden sind, ohne daß erst einmal alle unbeeinflußten innovativen Möglichkeiten ausgeschöpft worden sind. Die Gefahr, diesen Denkschemata immanente Fehler gleich mitzuproduzieren, liegt auf der Hand.

Ist man also nicht schon sehr weit in seiner Zielanlayse – und damit einer weitgehend aus-gedachten und aus-formulierten Problembeschreibung schon sehr nahe –, so empfiehlt es sich, eine erste Problembeschreibung noch möglichst offenzuhalten. Die erste Frage sollte stets so lauten, daß die Antwort im Sinne des hierarchischen Denkens spontan in der Gegenfrage besteht: Was wollen wir eigentlich? – *Was ist das Wichtigste für uns?* Gibt man gleich eine Vorstrukturierung vor, so hat man sehr oft große Mühe, davon wieder ab- und auf das Eigentliche zurückzukommen.

Je allgemeiner die Anfangsformulierung – zum Beispiel bei einer Auftragserteilung –, um so genauer und damit auch zielsicherer werden sich unsere Gedanken entwickeln, schon allein deshalb, weil wir dazu neigen, Unsicherheiten möglichst rasch durch tatsächliche oder vermeintliche Sicherheiten (in unserem Fall: sichere Annahmen) zu ersetzen und die ,defekte Gestalt' gegen eine ,geschlossene' (oder wie die Gestaltpsychologen[11] sagen: ,gute') ,Gestalt' auszutauschen. Das klingt teilweise paradox, aber im Paradoxen liegt sehr viel Weisheit, und deshalb wollen wir auch dem ,paradoxen Denken' später noch ein eigenes Kapitel widmen (Seite 82 ff.).

Umstrukturieren[12] spielt sowohl beim Problemerfassen wie beim Problemlösen eine große Rolle (Oerter). Zum einen kann sich schon im Ordnen der Ausgangstatsachen, ausgesprochen oder unausgesprochen, ein Umstrukturieren des Problems ergeben, dann nämlich, wenn sich durch diese Neuordnung auch neue Beziehungen zwischen diversen Einzelaspekten herausstellen. Mitunter reduziert sich das Problem schon allein durch das Neuordnen, etwa wenn sich bei der Durchforstung ergebnisschwacher Kostenstellen zeigt, daß einige von ihnen entbehrlich waren. Das Problem kann sich aber beim Ordnen verlagern, wenn man beispielsweise in einer Budgetberatung merkt, daß man für eine vorgesehene Investition gar nicht über die nötigen Spezialisten verfügt. Aus einem Investitions- oder Produktionsproblem wird dann unversehens ein Personalproblem.

Darüber hinaus kann die Problemstruktur anfangs aber auch durch allzu viele Eigensüchtigkeiten und Nebensächlichkeiten verdeckt sein, was sich in einem Ordnungsprozeß rasch herausstellt. Auch firmeneigentümliche Vorbehalte und Denkweisen, sonst ritualisiert und scheinbar hochgehalten, entpuppen sich angesichts eines einigermaßen ernsten Problems im Rahmen eines nüchternen Ordnungsvorgangs nicht selten als inhaltslos. Demgegenüber erweisen sich diejenigen Denker als wirklich produktiv, die – flexibel in ihren Ansätzen und beweglich in ihren Methoden – nicht auf ihre Allround-Erfahrung und -machart pochen, sondern einer modernen Definition von ‚Intelligenz‘ genügen‘: nämlich in der Lage zu sein, neue Probleme mit neuen Methoden zu lösen. Diese neuen Methoden beginnen damit, bestimmte Formulierungen nicht gleich mit sofort festgelegten Vorstellungen zu verbinden. Musterbeispiel ist eine Aufgabe, wie sie deBono in einem seiner Bücher über neues Denken beschrieben hat: Dabei soll man mit vier Messern zwischen drei Flaschen eine Plattform bauen, auf der ein Glas Wasser stehen kann[13] (weitere Einzelheiten sind hier nicht so wichtig). Die meisten Leute basteln nun darauf los und kommen gar nicht auf die Idee, sich zunächst einmal zu fragen, wie viele Messer sie tatsächlich brauchen. Drei Messer reichen nämlich für diese Aufgabe völlig aus, und vier sind einfach zuviel. Ganz im Banne der Suggestion, die von den zur Verfügung stehenden Materialien und der Problembeschreibung ausgeht („mit vier Messern"), blockieren sie ihre Fähigkeiten, produktiv zu denken.

Ähnlich blind verhalten sich viele bezüglich ihrer angestammten Denkmuster, die sie zum Beispiel bei Personalproblemen in der Arbeitswelt hegen und pflegen. Gewerblich tätige Mitarbeiter können sie sich nur schwer bei einer Verwaltungsaufgabe vorstellen und umgekehrt; ein Innendienstleiter gilt ihnen als ein anderer ‚Typ‘ als ein Außendienstleiter;

für manches muß nach ihrer Meinung unbedingt ein Akademiker her, und eine Frau kann prinzipiell eben bestimmte Dinge nicht oder andere wiederum grundsätzlich besser als ein Mann; ein Chef – vor allem wenn man selbst einer ist – muß einfach alles wissen, darf sich nie irren und hat auch immer recht.

Auf dem Grauen Markt der Nebenerwerbstätigkeiten bieten mitunter Leute Dienstleistungen an, die man mit dieser Qualifikation in ihren Betrieben mit der Lupe sucht – als handwerkliche Spezialisten, als mit Steuerproblemen Vertraute, als Anlagen- oder Versicherungsberater, als Bauzeichner, Computerspezialisten und anderes mehr. In ihren Unternehmen kämen sie damit aus wer weiß was für unverständlichen Gründen nicht in Frage, außerhalb aber sehr wohl. Es kommt kurioserweise auch heute noch nicht so sehr darauf an, was einer kann, sondern was einer (an Papieren) vorzeigen kann, und es wird voraussichtlich noch einiger tiefgreifender Wirtschaftsrezessionen bedürfen, bis derartige verfehlte Denkmuster ausgeräumt sein werden.

5. Über das intuitive Denken

Die ‚Kultivierung der Intuition' und die Mystifizierung des ‚Unbewußten'

Daß „Entscheidungsträger in komplexen Situationen dem Komplexitätsgrad realer Entscheidungssituationen nicht gewachsen sind", ist so neu nicht (Wagner[14]). Schon Alexander der Große mußte am Indus zum Rückmarsch erst gezwungen werden; Caesar hatte die Widerstände im Senat unterstützt, die dann zu seiner Ermordung führten, und Varus die Gefahren, die ihm von seinen Verbündeten, den Cheruskern, drohten – von Hitler ganz zu schweigen. Jahrtausendealte Reiche wie das der Ägypter sind ebenso untergegangen wie jahrhundertealte Firmen in Japan oder ein bis zwei Jahrhunderte alte Firmen in Europa. Hatten die Entscheidungsträgern keine Intuitionen?

Calpurnia, die Frau Caesars, schien sie gehabt zu haben, denn sie warnte ihren Mann davor, an den Iden des März in den Senat zu gehen. Und Kriemhild warnte Siegfried vor der Jagd mit den Burgundern. Wären alle großen und kleinen Entscheider besser gefahren, wenn sie intuitiv vorgegangen wären? Haben sie nie intuitiv Entscheidungen getroffen? Oder nur nicht im richtigen Augenblick? Sind intuitive Entscheidungen immer die besseren und dem rationalen Kalkül überlegen? Ist Intuitives gleichbedeutend mit Irrationalem, und heißt ‚irrational' tatsächlich ‚ohne in Anspruchnahme der Ratio' oder gar ‚gegen die Vernunft'? Kann man nicht auch intuitiv falsche Entscheidungen treffen?

Fragen dieser Art sollte man sich erst einmal vorlegen, ehe man sich daranmacht, einer „Kultivierung der Intuition' das Wort zu reden (Bretz[15]), und zwar nicht im Ashram eines Gurus, sondern in einer angesehenen betriebswirtschaftlichen Zeitschrift und bestimmt für ein modernes Management. „Daß wir dennoch in der Lage sind", so der betreffende Autor, „Unternehmen erfolgreich zu führen, d. h. organisatorische Ziele zu setzen und auch zu erreichen, dürfte hiernach eher auf bisher weitgehend noch unbekannte und unbewußte Fähigkeiten der Organisationsgestaltung und -erhaltung zurückzuführen sein als auf die uns bekannten rationalen Kenntnisse und Techniken der Entscheidungsfindung, Planung und

Organisation... Selbstsicherheit und Selbstvertrauen der Verantwortlichen, mit denen intuitiv richtige Entscheidungen getroffen wurden, haben sich als wichtiger für die Entscheidungsqualität erwiesen als zum Beispiel Informationsgrad, fachliche Vorbildung oder Intelligenz."

Auch der Umgang mit wissenschaftlich scheinbar noch nicht Erforschtem rechtfertigt nicht, unwissenschaftlich mit solchen Phänomenen umzugehen.

Der rationale Prozeß ist keineswegs ‚bekannter‘ als der (noch unzureichend definierte) irrationale, und letzterer nicht eben unbekannter als der rationale. Was das immer wieder zitierte Unbewußte angeht, so gibt es sogenannte rationale Problemlösungen, die in einer Phase des *Wach*bewußtseins verlaufen – wie übliche Alltagsentscheidungen am Vorstands- oder am Kabinettstisch –, und es gibt Problemlösungen in Phasen des *Traum*bewußtseins – wie die bereits erwähnten Benzolringe von Bergius oder die Lösung mathematischer Probleme bei Gauß. Der Unterschied zwischen Wach- und Traumbewußtsein liegt einmal in der reduzierten rationalen Kontrolle bei bestimmten Trauminhalten (= Traum-Bewußt*heiten*). In anderen Träumen kann man durchaus sehr logisch sein. Es gibt nicht ‚den Traum‘, sondern nur vielfältige Formen des Träumens. Aber ob mit oder ohne eingeschränkte rationale Kontrolle: bewußt sind Träume immer, auch dann, wenn man nach dem Aufwachen die Trauminhalte nicht beliebig reproduzieren kann.

Nicht beliebig reproduzierbare, sogenannte vergessene Trauminhalte sinken auch keineswegs in ein ‚Unbewußtes‘ ab, sondern werden in bestimmten Bereichen unseres Gedächtnisses aufbewahrt (sofern sie überhaupt aufbewahrt werden), und zwar nach Relevanzen gegliedert: „die guten ins Töpfchen, die schlechten ins Kröpfchen", wie es im Märchen heißt. Die „guten", das sind die für uns wichtigen, die jederzeit abrufbar sein müssen, in das Kurzzeit- oder Langzeitgedächtnis, die „schlechten" als die entbehrlichen oder auch die unerfreulichen, die man gern vergessen möchte, ebenfalls in das Langzeitgedächtnis, aus dem heraus sie gegebenenfalls nur mit einigen Schwierigkeiten abgerufen werden können.

Machen wir uns bei dieser Gelegenheit einmal klar, daß die Leistung unseres Gehirns nicht nur darin besteht, Ereignisse wahrzunehmen, zu bewerten und zu steuern, wie wir es im ersten Abschnitt beschrieben hatten, sondern auch zwischen wichtigen und weniger wichtigen zu unterscheiden und letztere auf ‚Wiedervorlage‘ abzulegen.

Begriffe wie intuitiv, rational, irrational, bewußt, unbewußt, unterbewußt beschreiben Empfindungen oder Annahmen von Empfindungen. Aber ob es die zugrunde gelegten neuronalen Prozesse überhaupt so gibt, wie wir meinen, ist damit nicht gesagt. Als physisch dreidimensionales Wesen beruhen unsere Anschauungsmittel – damit auch deren sprachliche Wiedergabe – auf dreidimensionalen Erfahrungen. Was wir als ‚Tiefe‘ bedenken, ist deshalb noch lange nicht durch psychische Tiefe repräsentiert, geschweige denn durch philosophische Tiefe. ‚Tiefen‘psychologie (nach Freud) ist eine bloße Veranschaulichung, die etwas mit der zuvor erwähnten leichteren oder schwereren Reproduzierbarkeit von Gedächtnisinhalten zu tun hat, aber es handelt sich dabei um keine objektivierbare Zustandsbeschreibung. Wenn wir instinkhaft handeln, folgen wir damit angeborenen Verhaltensmustern, die auf dem „Gedächtnis der Art“, der „Logik der Organe“ (Piaget), beruhen. Wenn wir bewußt-sinnvoll handeln (wir können dies auch bewußt sinn-los tun!), dann folgen wir der „Logik des Bewußtseins“, wie ich es an anderer Stelle anhand der Beziehungen zwischen „Sinn und Selbst“ ausgeführt haben (siehe Seite 187). In jedem Fall handeln wir bewußt, denn selbst instinktive Reaktionen bis zur Panik verlaufen weder im Zustand der Bewußtlosigkeit noch der Bewußt*seins*losigkeit, sondern lediglich bei vorübergehend eingeschränkter rationalen Kontrolle. Was vorweggenommen ist – unserer intentionalen *Entscheidung* vorweggenommen –, sind reflexhafte Reaktionen, die wir seit Jahrmillionen mit unseren noch nicht *selbst*-bewußten Vorfahren gemeinsam haben: Angst-Reaktionen, Schreck-Reaktionen, Schmerz-Reaktionen, sexuelle Reaktionen und anderes mehr, die der Überlebensfähigkeit dienten und noch immer dienen. Der Rückgriff auf die bewußte Steuerung wird damit aber nicht unterbrochen, sondern – meist nur sekundenlang – erschwert.

Bis jetzt hat aber noch niemand eine reflexhafte Handlung als Steuerung aus dem ‚Unterbewußten‘ bezeichnet. Wenn jemand auf eine Beleidigung spontan reagiert und dem Beleidiger ‚eine runterhaut‘, gibt er danach meist die sehr anschauliche Erklärung, daß ihm ‚die Hand ausgerutscht‘ sei. Genau das ist das Charakteristische des Spontanen, Reflexhaften und in gewisser Beziehung auch des Instinkhaften: das Ausgerastet sein, das Herausrutschen der Steuerung aus dem rationalen Kontext. Des gedanklichen Konstrukts eines ‚Unbewußten‘ bedarf es dazu nicht, wie sich überhaupt das sogenannte Unbewußte als das nicht jederzeit

66

(aus sogenannten ‚Tiefen'schichten des Gedächtnisses) Reproduzierbare und als das gedankenlos bis bedenkenlos Noch-nicht-Reflektierte erweist. Wenn wir handeln: aus Gewohnheit, aus ‚blind' übernommener Tradition, ohne selbst darüber nachgedacht zu haben, dann handeln wir mitunter bedenkenlos, sogar gewissenlos, aber nicht unbewußt oder sozusagen bewußtseinslos.

Nicht einmal die Psychoanalyse selbst, die das Denkmodell des Unbewußten konzipiert hat, behauptet eine Wissenschaft zu sein, wie man überhaupt bei der Qualifizierung von Sachverhalten oder Ereignissen viel weniger von ‚Wissenschaft' als von ‚Wissenschaftlichkeit' in der Vorgehensweise sprechen sollte; das Charakteristikum einer ‚Wissenschaft' ist ja *nicht ihr Gegenstand* (man kann mit dem Gegenstand ‚Management' wissenschaftlich, aber auch höchst unwissenschaftlich umgehen), sondern *ihre Methode*.

Von den rationalen Prozessen weiß man nur, daß sie im Gehirn ablaufen, aber nicht, wo da genau und wie: man kann aus einem EEG, den Gehirnströmen des Bewußt*seins*, nicht auf die gedanklichen Inhalte, die Bewußt*heiten*, schließen, und selbst den Lokalisationen bestimmter Fähigkeiten des Gehirns steht die Fähigkeit des Vikariierens gegenüber: sind irgendwelche Hirnregionen mit ihrer üblichen Leistung ausgefallen, so treten häufig andere Regionen und neuronale Bahnen an ihre Stelle. Von den rationalen Prozessen ist also einiges bekannt, aber viel weniger wissen wir von dem sogenannten Irrationalen auch nicht. Was soll das denn anderes sein als das spontane Ablaufen von neuronalen Prozessen ohne rationale Kontrolle? Aber was *ist* denn diese rationale Kontrolle, die wir so selbstverständlich handhaben, als gäbe sie uns keine Rätsel mehr auf; wer hat ihre Software entwickelt, und wissen wir wirklich ‚genug', wenn wir das Zentralnervensystem als ihre Hardware erkannt haben? Das einzige, wovon wir mit großer Sicherheit ausgehen dürfen, ist eine unerhörte Reduktion von Komplexität beim Anlegen selbstgemachter Maßstäbe – denn Computervergleiche *sind* solche selbstfabrizierten Meßlatten, die nichts erklären, sondern lediglich manches veranschaulichen – nicht alles, und auf jeden Fall nicht genug.

Wir wissen von dem Rationalen nicht mehr als von dem Irrationalen. An letzterem irritiert uns auch nicht der hirnphysiologisch uneinsehbare Ablauf, sondern der Umstand der fehlenden Logik, der rationalen Kontrolle.

Es ist deshalb unangemessen, gedanklichen Konstrukten (Unbewußtes, Unterbewußtes usw.) mehr Bedeutung als die einer Metapher beizumessen. Es sind Veranschaulichungen, aber nicht die Sache selbst. Wenn wir vom ‚Unbewußten' reden, heißt das bestenfalls: Wir können uns bestimmte Abläufe nicht erklären – und ‚erklären' heißt letzten Endes: naturwissenschaftlich erklären, nicht im Wege der Introspektion, die in der Psychologie aus guten Grünen fragwürdig geworden ist, sondern durch Beobachtung bei anderen, durch Experiment, Wiederholung, Validierung.

Intuitionen sind Botschaften zur Person, aber nicht zur Sache

Der Bereich der Gefühle in unserem Hirn, das Zwischenhirn, ist nicht mehr und nicht weniger geheimnisvoll als das Stammhirn, das die vegetativen Prozesse steuert, oder das Großhirn mit seiner Steuerung von Vernunft und Logik. Wir können uns zwar vornehmen, logisch zu denken, aber wir können nicht vorsätzlich oder absichtlich lieben, hassen, verachten oder was sonst noch die Palette unserer Gefühle aufweist. Wir können auch den ‚Herzschrittmacher' oder den ‚Lungenschrittmacher' in unserem Stammhirn nicht abstellen: Versuchen Sie mal, Ihren Herzschlag zum absoluten Stillstand zu bringen oder die Luft solange anzuhalten, bis Sie tot sind. Nicht einmal mit der (nicht ‚bewußten', sondern mit der) intentionalen, der absichtsvoll angewandten Logik klappt es immer. Wir benutzen gewohnheitsmäßig, aber gedankenlos den Begriff ‚BEWUSST' falsch: wir sagen ‚bewußt' dort, wo wir ‚absichtsvoll' sagen sollten; wir sagen ‚unbewußt', wo es ‚unüberlegt' heißen müßte oder unreflektiert, spontan, reflexhaft, instinktiv.
Unsere Gefühle sind uns zwar sehr bewußt, und dennoch hört man nicht selten, daß jemand ‚aus einem unbewußten Gefühl heraus' gehandelt habe. Auch hier müßte es heißen, daß der Betreffende sich auf sein Gefühl verlassen hat, ohne zusätzlich noch seine Einsicht in Anspruch zu nehmen. Nicht sein Gefühl war ‚unbewußt', ganz im Gegenteil, sondern seine Vernunft war vorübergehend auf Reisen geschickt. Er hat sich nicht gefragt: Bin ich auf dem richtigen Wege? Habe ich alle erforderlichen Informationen? Kann ich meinem Gegenüber trauen? Das scheinbar ‚Unbewußte' an dem ‚Gefühl' ist die sehr *bewußte Unsicherheit* hinsichtlich den tatsächlichen Gegebenheiten, und es ist Aufgabe unserer Gefüh-

le, solche ‚Wahrnehmungen' (und somit auch das Wahrnehmen von Informations-Defiziten) mit Gefühlsbotschaften zu befrachten. Denn *Gefühle sind Botschaften*, aber sie sagen uns nicht, was wir im einzelnen tun oder lassen sollen, sondern sie dienen lediglich der Verstärkung oder Abschwächung unserer Gefühle bei einer im übrigen von uns (verantwortungs-)bewußt zu treffenden Entscheidung. Wer nun aber der Meinung ist, er bekomme dabei von seinen Gefühlen wenigstens einen Hinweis auf die *objektive* Richtigkeit seiner Entscheidungen, würde auch darin noch enttäuscht werden: nicht die objektive Richtigkeit würde ihm bescheinigt, sondern lediglich die *subjektive* Übereinstimmung seiner Entscheidung mit seinen Persönlichkeitskonstanten. Ein Angsthase fühlt sich bei einer unsicheren Entscheidung noch ängstlicher und ein Tollkühner noch toller oder kühner, wie man will. Die Angemessenheit oder Unangemessenheit unserer Entscheidung wird durch unsere Gefühle lediglich auf unseren Charakter und unsere Wesenseigentümlichkeiten hin bestätigt oder in Frage gestellt.

Bei einem selbstbewußten Menschen (im Unterschied zum vorbewußten Tier) ist *jede* Entscheidung rational, absichtlich gefällt (von den teilweisen Einschränkungen hatten wir zuvor gesprochen). Selbst wenn wir uns *absichtlich* (nicht etwa ‚bewußt') gegen eine rationale Entscheidung stellen, ist dieses Sichdagegenstellen noch rational. Da die Nervenimpulse aus dem peripheren Bereich erst das Zwischenhirn durchlaufen, ehe sie über die Großhirnrinde verteilt werden, kommt jede Wahrnehmung bereits emotional ‚aufgeladen' in der Großhirnrinde, im Bereich der rationalen Kontrolle, an. Die Wahrnehmungs- und die Unterscheidungsmuster sind sowohl gelernt – soziokulturell vermittelt, wie auch unsere ethischen Normen und ästhetischen Prinzipien – als auch angeboren (instinktvermittelt) wie die Kriterien unserer vitalen Entscheidungen. Dabei handelt es sich bei den letzteren jeweils um Ableitungen und Differenzierungen einiger weniger vitaler Botschaften[16] oder Grundgefühle: Angst als Warnung vor Gefahr, Genießbarkeit oder Warnung vor Ungenießbarkeit und Sozialität bis hin zur Geschlechtspartnerschaft – „Botschaften der Urzeit" unserer Instinkte (siehe Literaturverzeichnis). Darüber darf uns auch nicht die menschliche Fähigkeit zu einer weitergehenden Differenzierung hinwegtäuschen, die uns die einfachen Grundmuster dieser Botschaften noch vielfältig differenziert ‚vor Augen führt'. Und noch eines: diese Gefühlsbotschaften sind zwar keine rationalen Hinweise, denn sie stammen ja auch nicht aus der Großhirnrinde, aber sie sind deswegen noch lange nicht ‚irrational‘ in der landläufigen Bedeutung von etwas Undurchschaubarem, Unerklärlichem, eigentlich Widersinnigem; auf ihre Weise sind sie sogar völlig logisch. (Oder ist Angst in einer gefährlichen Situation etwa unlogisch?)

Gefühle haben aber nicht nur ihre Logik, sondern auch ihre eigene Realität. Aus Sicht der Evolution stellen sie die ursprünglichere Form der *Wahrnehmungs-Bewertung* dar. Ehe unsere tierischen Vorfahren von den ersten Anfängen einer Großhirnrinde an (etwa seit den Fischen, also seit etwa 500 Millionen Jahren) zu ‚denken‘ begonnen haben (wenn man die Entwicklung eines Großhirns mit der *Entwicklung* des Denkens gleichsetzt – was einschließt, daß man vom vollentwickelten menschlichen Denken auch erst mit dem vollentwickelten Großhirn des Menschen sprechen kann), waren sie auf die instinktvermittelten Botschaften dessen angewiesen, was heute beim Menschen das Stamm- und das Zwischenhirn darstellt, also auf ‚gefühlsmäßige‘ Bewertungen der Umweltvorgänge. Solche Gefühlsbotschaften empfängt auch der Mensch noch immer. Aber er ist in der Lage, diese Gefühle zu reflektieren, auf die konkrete Situation zurückzubeziehen und somit auch ihre situative Relevanz rational zu bewerten. Aber zu mehr als einer grobgerasterten ‚gefühlsmäßigen‘ Bewertung (sympathisch – unsympathisch / gefährlich – ungefährlich / herausfordernd – kaltlassend und einiges andere) reicht es dabei nicht. Auf Hinweise inhaltlicher Relevanz, wir hatten es bereits gesagt, besteht kein Anspruch.

Reichen also in einer konkreten Entscheidungssituation die sachlichen Informationen nicht aus, um eine logisch begründbare Entscheidung zu fällen, kann *dieses Defizit* weder durch Selbstvertrauen noch durch Selbstsicherheit (was im Grund genommen dasselbe ist) wettgemacht werden. Gerade intelligente und kompetente Leute empfinden eine solche Unsicherheit stärker als unintelligente und inkompetente, gerade *weil* sie intelligent (also einsichtsfähig) und kompetent (also sachlich gut vorgebildet und entscheidungsfähig) sind. ‚Dumme‘ – um einmal einen solchen etwas flachen Ausdruck zu gebrauchen – ersetzen einen solchen Mangel leichter durch Selbstvertrauen, denn es ist ja gerade typisch für Dumme, daß ihre Dummheit sie nicht davon abhält, sich selbst zu vertrauen. Hätten sie nämlich die Fähigkeit, ihre Grenzen zu erkennen, wären sie nicht ‚dumm': tumb, stumpf, einfühlslos. Wenn ein Dummer erst einmal begriffen hat, daß er dumm ist, dann hört er auch auf, völlig dumm zu sein.

Das offensichtlich gefühlsmäßige Unbelastetsein bei einer Entscheidung ist genauso wenig ein Zeichen *für* die Qualität dieser Entscheidung, wie eine gefühlsmäßige Unsicherheit *gegen* die Entscheidung spräche. Es ist also eine Verkennung der Begriffe und ein Verstoß gegen die Hierarchie des Denkens, wenn man fachliche Vorbildung und Intelligenz als weniger wichtig für die Entscheidungsqualität einstufte als Selbstvertrauen und Selbstsicherheit.
Bei der anfangs erwähnten Entscheidungssituation fragt es sich vielmehr,

1. ob eine größere Anzahl von Informationen die Entscheidung erleichtert hätte,
2. wenn ja: bei welchem Informationsumfang die Grenze für das Ausreichende/Nicht-Ausreichende zu ziehen ist, denn was für den einen ausreichend erscheint, genügt dem anderen noch lange nicht.

Die gefühlsmäßige Bestätigung oder Infragestellung, die das Zwischenhirn liefert – ob man sich bei einer Entscheidung erleichtert oder bedrückt fühlt –, sagt also nur etwas aus über die *Entscheidungs-Sicherheit* eines Menschen, nicht jedoch über die *inhaltliche Richtigkeit* einer Entscheidung.
So angenehm es wäre, wenn ein Vorgesetzter immer genau wüßte, wohin die Reise geht – und das auch noch mit größter Selbstsicherheit, so daß bei seinen Mitarbeitern keinerlei Irritationen aufträten –, so gefährlich wäre ein völliger Mangel an Sensibilität für das prinzipiell Unwägbare und Unsichere jeglicher Entscheidung.
Ewig lächelnde Staatschefs, die ständig ‚alles im Griff' haben, sind eine Gemeingefahr, selbst wenn sie nur so tun, denn es besteht immerhin die Möglichkeit, daß sie wirklich so sind, wie sie tun.
Wir sollten gar nicht erst versuchen, einen nun einmal vorhandenen Unsicherheits-Druck abzubauen oder uns selbst oder anderen gegenüber zu vertuschen etwa nach dem Motto: ‚Gegen jeden Schmerz eine Pille'. Wir müssen vielmehr lernen, auftretende Unsicherheiten als Notwendigkeiten und als Aufmerksamkeitsreiz zu akzeptieren. Die Forderung heißt: Entscheiden *trotz* Unsicherheit – etwas wagen *trotz* Risiko. Nur vordergründig denkende ‚Macher' kommen auf die Idee, daß auch in puncto Unsi-

cherheit ‚doch etwas zu machen' sein müsse, weil sie das Hintergründige, das in der Zwischenhirnbotschaft „Achtung – Unsicherheit!" liegt, nicht zu deuten verstehen.

Zu ‚machen' ist hier gar nichts – wohl aber zu bedenken, und zwar daß unsere Intuition eben nur Gefühle repräsentiert. Das ist der ‚dumpfe Drang', von dem Goethe spricht und von dem er meint, daß er uns schon sage, ob wir auf dem ‚rechten' Wege seien – auf dem ‚rechten' Wege wohlbemerkt, nicht auf dem richtigen. Das soziokulturell Vermittelte lehrt uns, *Werte* zu erkennen, nicht Mittel und Wege. Das Rechte ist das Ethische und Moralische, das gesellschaftlich Erwünschte – das Richtige dagegen ist das *Logische*.

‚Recht' und ‚richtig' sind deshalb aber noch keine Widersprüche, denn das gesellschaftlich Erwünschte zum Beispiel ist deshalb nicht unlogisch oder unrichtig, weil es zugleich zum ‚Rechten' zählt. Wenn die Gesellschaft von jemandem ein finanzielles Opfer erwartet, so ist das zunächst einmal ‚recht' gefordert und würde, sofern es der Größe nach auch nur halbwegs als angemessen erscheint, vom Zusammenhang her auch als logisch und von der Zielsetzung her als richtig betrachtet werden können.

Aber auch einen ‚dumpfen Drang' bezüglich des *Riskanten* können wir unterstellen, denn Gefahrenwarnung ist ja eine der wichtigsten Botschaften unseres Zwischenhirns. Doch selbst in dieser Beziehung sind diese Botschaften lediglich Ausdruck für das subjektive Erfolgsstreben oder die subjektive Mißerfolgsangst des Betreffenden als Anzeichen dafür, daß objektiv irgend etwas nicht in Ordnung sei – sie sind Botschaften unseres höchst individuell ausgeprägten Sinn-Systems[17], das keine Entscheidungen liefert, sondern zu – individuell sinnvollen – Entscheidungen herausfordert.

Deshalb empfangen Risikofreudige auch andere Botschaften als Risikoscheue. Intuition – und die Botschaften von unserer Gefühls-‚Basis' Zwischenhirn sind der beste Ausdruck für das Intuitive – vermittelt uns, wie gesagt, Botschaften zur Person und damit Reflexionen vom Spiegel unseres Charakters, aber sie enthält keinerlei sachliche Aufschlüsse für irgendeine Problemlösung.

In diesem Zusammenhang ist an den bekannten ‚Thematischen Apperzeptionstest' (T. A. T.) zu erinnern, mit dem man Hinweise darauf gewinnen kann, ob jemand mehr ‚risiko-freudig' oder ‚risiko-meidend' ist.

Die Testergebnisse zeigen, daß etwa 2/3 aller Testpersonen zu dem risikomeidenden Typ gehören, lediglich 1/3 läßt es unter Umständen auch ‚einmal darauf ankommen'.

Bei einer Geschäftsleitungsgruppe von 12 Mitgliedern, bei der ich vor Jahren einmal diesen Test durchgeführt hatte, rief dieses Ergebnis zunächst Widerspruch hervor, wollte jeder doch ein erfolgsbewußter und tatkräftiger Manager sein. Zu den Risikomeidenden, den vor allem Vorsichtigen zu gehören, paßte offenbar nicht ins (Selbst-)Bild der Anwensenden. Erst als ich darauf aufmerksam machte, daß die Firma möglicherweise in 14 Tagen pleite sei, wenn kein Mensch mehr vorsichtig agierte, und daß bei jedem gutgeleiteten Negerstamm (und in jeder gut geleiteten Aktiengesellschaft) hinter einem jungen dynamischen und risiko-freudigen Häuptling ein Rat der Alten stehe, der zwar auch nicht wisse, *wo* es langgehe, wohl aber, wo es *nicht* langgehe, kehrte wieder Frieden ein. Erfahrung lehrt ja nicht, *was man tun*, sondern *was man lassen muß*. Ersteres muß man immer wieder neu ‚in Erfahrung bringen', über letzteres kann man sich von ‚den Alten' belehren lassen, deren Erfahrung nicht zuletzt darin besteht, in alle einschlägigen Gruben schon einmal hineingefallen zu sein.

Nur eine im Hinblick auf Risiko-Freudigkeit und Vorsicht gemischte Gesellschaft überlebt. Was uns die ‚Botschaft der Urzeit' zu vermitteln hat, sagt sie *zur Person, nicht zur Sache*. Es hilft also gar nichts, wenn wir versuchten, diese ‚Sensibilität' zu forcieren, das Intuitive zu kultivieren. An sich schon Sensible würden nur noch sensibler und die Unsensiblen vielleicht überhaupt erst einmal ein bißchen sensibilisiert, mit anderen Worten: Die Entscheidungen wären stärker emotional befrachtet – aber keinesfalls logischer durchdacht –, und das sollten sie ja wohl.

Für das logische Durchdenken hat die Natur dem Menschen nur *ein* Instrumentarium bereitgelegt: unsere Vernunft. Das Gefühl – und somit auch das Intuitive –, das aufgrund der Gehirnkonstruktion und Evolutionsgeschichte immer mit im Spiel ist, sagt uns lediglich, ob wir uns bezüglich unserer Persönlichkeitsausstattung an Intelligenz, Kritikvermögen, Werte-Bewußtsein, Risikofreudigkeit oder einer starken Neigung zum abwägenden Handeln *überfordert* oder *unterfordert* sehen. Die Unsensiblen leben zwar leichter, aber auch gefährlicher. Ihr ‚Erfolg' heißt ‚Zufall'.

Natürlich ist es richtig, was die anfangs zitierten Autoren *fordern*, nämlich sich mit der Frage eines adäquaten Menschenbildes auseinanderzusetzen und auch zu prüfen, welche möglicherweise neurotischen Züge ein neuer wie alter Mitarbeiter oder Vorgesetzter aufweist. Aber diese Problematik besteht nicht erst seit heute und läuft in der Praxis auf die ganz andere Frage hinaus: *Was anfangen* mit dem Neurotiker? Fragwürdig wird es nur dann, wenn von ‚unbewußten Motiven‘ die Rede ist. Wir hatten oben aufgezeigt, was es mit dem ‚Unbewußten‘ auf sich hat. Wenn eine bestimmte Schule der Psycho*therapie* mit solchen Vorstellungen umgeht, bedeutet das noch längst nicht, daß Unbewußtes oder gar ‚unbewußte Motive‘ ernstzunehmender Gegenstand der wissenschaftlichen *Psychologie* seien. Aber nicht wenige halten Psychoanalyse für Psychologie und verwechseln Psychologie mit Psycho*therapie*. Kriterien der letzteren sollten wir jedoch aus unseren Überlegungen heraushalten. Die Psychotherapie ist bei allen wünschenswerten Fachkenntnissen doch vor allem eine ‚Kunst‘, und in der Psychotherapie wie in der Graphologie kommt auf 50 ‚Handwerker‘ und 49 Scharlatane ein ‚Künstler‘. Aber auch solche Künstler können bei der Bewältigung von wirtschaftlichen Projekten wenig helfen. Was gebraucht wird, sind nicht halbe oder ganze Magier, die ‚intuitiv‘ via Kontemplation und Meditation nach Problemlösungen suchen, sondern intelligente, gut ausgebildete, sozialisationsfähige Menschen, deren herausragende Eigenschaften Verantwortungsbewußtsein und die Fähigkeit zur Selbstkritik sind.

Wenn Iacocca mit dem Satz zitiert wird: „Natürlich hat man die Aufgabe, so viele relevante Fakten und Prognosen zu sammeln wie nur irgend möglich. Aber an irgendeinem Punkt muß man den Sprung ins Ungewisse wagen..., weil es in den meisten Fällen so etwas wie Gewißheit nicht gibt“, dann ist von keinem ‚intuitiven Sprung‘ die Rede. Intuitives Handeln hilft schon gar nicht, wenn die Fakten mehrdeutig und die Entscheidungen unsicher sind, wie der vorn einmal zitierte Autor als scheinbar selbstverständlich voraussetzt (Bretz), der ja auch von einem ‚intuitiven Handeln‘ im Top-Management spricht. Ich möchte einmal den Top-Manager hören (oder besser noch: seine Kollegen), der sich in einer Geschäftsleitungsrunde anstelle überprüfbarer Fakten auf seine Intuition herausreden wollte! Was soll also die „Kultivierung der Intuition“? Unsicherheit hin – Unsicherheit her: *Man muß sich nach reiflicher Überlegung entscheiden* – das ist alles.

Auf INTUITION, die *auf die Sache selbst* abzielt und nicht nur die gefühlsmäßige Begleitmusik zu einem subjektiv zu fassenden Entschluß ist – so sehr wir so etwas brauchten und so bequem wir es damit hätten –, können wir dabei nicht rechnen.

Intuition und die Fähigkeit zum innovativen Denken

Beim innovativen Prozeß, auf den wir hier nicht hinsichtlich seiner ‚Techniken‘, sondern bestimmter Denkweisen eingehen wollen, gibt es Phasen, die scheinbar absichtslos und rational nicht gesteuert verlaufen. Geborene Mystifizierer, die es ja auch im Management-Bereich zur Genüge gibt, müßten sie dem Mystisch-Magischen zurechnen, sofern sie nicht Sorge hätten, sich damit einer Mißdeutung ihrer Management-Qualitäten auszusetzen. Auf diesen Aspekt der Problemlösung aus dem Unbewußten (siehe den vorausgegangenen Abschnitt), des ‚plötzlichen‘, wenn nicht gar ‚göttlichen‘ Einfalls, paßte die Vorstellung von etwas Irrationalem schon besser. Aber beim kreativen Prozeß, von dem jetzt die Rede sein soll, handelt es sich nicht um eine ‚ur‘-plötzliche Eingebung‘ von etwas Zufälligem, sondern um den zwar nicht unerwarteten (sondern im Gegenteil sehnlichst erwünschten), wenn auch zu diesem Zeitpunkt überraschend eintretenden Abschluß einer oft wochen- oder gar monatelangen Lösungssuche. Der schon einmal genannte Archimedes hatte in seiner Badewanne ein Prinzip entdeckt, über das er in diesem Augenblick nicht zum ersten Mal nachgedacht hatte. Auch Newton wurde durch den herabfallenden Apfel nicht erst auf die Fragestellung zum Problem, sondern auf dessen Lösung gebracht (die dabei wirkende Kraft). Daß etwas herunterfällt, wußte er auch schon vorher. Das überraschende waren Ort und Zeitpunkt der Problemlösung, nicht das Problem selbst. Der Problemlösungsprozeß hatte also, wie es schien, einige Phasen durchlaufen, die von Archimedes und Newton nicht besonders registriert worden waren; erst die LÖSUNG hatte sich scheinbar wieder ins Bewußtsein gedrängt.

So etwa kann auch die Vorstellung von einem ‚Unbewußten‘ zustande kommen. Hat man sich erst einmal mit sich selbst und vielleicht auch mit anderen auf einen solchen Terminus geeinigt, tut schon die Gewohnheit das Ihre dazu, um aus bloßer Annahme konkrete Gewißheit zu machen.

In bezug auf die vorher erwähnte Vorstellung von scheinbar unbewußten Phasen des kreativen Prozesses würde dies bedeuten, daß auch jene zunächst nur ein gedankliches Konstrukt darstellten; die ‚Gewißheit' wurde dann von der Gewohnheit nachgeliefert.

Nun, ‚denkbar' ist alles. Aber es gibt auch Überlegungen ganz anderer Art, die solche gedanklichen Konstrukte nicht nötig machen. Wir wissen von verschiedenen physiologischen Prozessen – und Gedanken sind ebenso neurophysiologische wie psychologische Prozesse –, daß sie gerade durch unsere Intentionen, durch unser forciertes Wollen, behindert werden. Je mehr wir aufhören, auf sie willentlich Einfluß zu nehmen, um so eher kommen die ganz natürlichen physiologischen Abläufe wieder in Gang (von der Obstipation bis zum Nichteinschlafenkönnen). Der Körper, so könnte man es ausdrücken, muß auf seine natürlichen Abläufe konzentriert bleiben und sollte durch bestimmte mentale Forcierungen davon nicht abgelenkt werden.

Dies ist jedoch im erheblichen Maße der Fall, wenn wir ihn mit einem angespannten ‚Wollen' durcheinanderbringen: Wir bemühen uns krampfhaft, wach zu bleiben, oder wollen mit aller Gewalt einschlafen. Wir unterwerfen uns zunächst einem Dauerstreß, unter Umständen bis zum Herzinfarkt, und ‚zwingen' uns dann (welch Widerspruch!) wieder zur Ruhe – mit dem Ergebnis, dadurch erst recht aus dem Takt zu kommen. Wir denken konzentriert in einer ganz bestimten Richtung und suchen unbeirrt und zielstrebig nach einer (meist wieder ganz bestimmten) Lösung, bis wir erschöpft zusammensinken und zugeben, uns jetzt nicht weiter konzentrieren zu können. „Also morgen dann weiter!", sagen wir – und vielleicht schon wenige Stunden später, wenn die neuronale Überanspannung abgeklungen ist, ‚kommt uns die Lösung dann ganz von selbst'.

Die Intuitiv-Enthusiasten würden sagen: ‚haben wir die Lösung dann ganz intuitiv gefunden', und sie meinen damit, daß ihnen dabei ein spezielles Gehirnpotential irgendwo in der linken Hirnhemisphäre mit deren „linksseitig-prinzipieller Rationalität" (Bretz) zu Hilfe gekommen sei. Aber ist diese Annahme tatsächlich erforderlich? Oder sind die Intuitiven im Zeichen des New Age nur wie eh und je wieder einmal genau auf das gestoßen, was sie so angestrengt gesucht haben, ja mehr noch: sind sie nur deshalb und gerade *nur darauf* gestoßen, weil sie es auch nur so und nicht anders gesucht haben?

Der Ausgangspunkt sollte doch nicht lauten: Wir gehen von der Existenz eines Unbewußten aus – also lasset es uns nachweisen! –, sondern vielmehr: Wie erklären sich bestimmte gedankliche Abläufe – mit oder ohne Annahme eines ‚Unbewußten'?

Kommen wir zurück zu der oben beschriebenen Blockierung unserer gedanklichen Abläufe bis zum zeitweiligen neuronalen Streik des strukturierten Denkens. Extreme Vorgänge dieser Art sind der Psychiatrie durchaus geläufig (zum Beispiel Zwangsvorstellungen). Die Lösung des Problems liegt in der Auflösung der Verkampfung – im ‚Loslassen', im Denken-LASSEN, im nicht mehr um jeden Preis Denken-WOLLEN, sondern im nun wieder gelassenen Denken, an das sich allmählich auch das wieder gerichtete Denken-KÖNNEN anschließt.

Dabei findet bei diesem Denken-Lassen keineswegs irgendeine Art von Amnestie statt; die Enervierung der neuronalen Bahnen wird nicht eingestellt, geschweige daß diejenigen neuronalen Muster oder speziellen Denk‚bahnen' gelöscht werden, die bei unseren angestrengt intentionalen Denkakten ganz besonders strapaziert worden waren. Schon gar nicht kann die Rede davon sein, daß etwa die Hirnströme unterbrochen worden wären; aber die Amplituden ihrer Schwingungen sind höher und ruhiger geworden, die Abläufe haben sich normalisiert, und nun kann das Hirn auch wieder eine seiner wichtigsten Leistungen erbringen, nämlich logisch-assoziative Angebote zu machen.

Zu den erstaunlichsten Fähigkeiten unseres Gehirns gehört es, bei der Wahrnehmung von Reizen aus dem Fundus unseres Gedächtnisspeichers assoziativ geeignete Elemente ‚vorzustellen', anzubieten, heranzutragen, zu erzeugen, die mit dem gerade Wahrgenommenen oder bloß Gedachten in irgendeiner Verbindung stehen könnten. Das ist eine Leistung unseres reflexhaften Erinnerns, aber nicht einer Art von Psycho-Archäologie. Unsere Wahrnehmung wird dadurch komplexer, und von dieser Komplexität her entscheidet unsere Sinn-Bewußtheit über die aktuelle Bedeutung des Wahrgenommenen und damit auch darüber, ob das Wahrgenommene überhaupt vom Ultrakurzzeit- ins Kurzzeit- oder gar ins Langzeitgedächtnis übernommen werden soll und über anderes mehr.

Mit Einsetzen des ‚normalen', des nicht strapazierten und somit ‚gelassenen' Denkens erfolgen dann auch die Assoziationsangebote wieder, die – wie die Gerichtetheit der Denkakte (die Konzentration) – bei der vorangegangenen Überstrapazierung ausgesetzt haben; und so sollte es uns auch nicht wundernehmen, daß sich im Weiterdenken – wir spüren es selbst, wie sich allmählich unsere Gedanken nach der Phase der Entspannung auf das ursprüngliche, ja noch ungelöste Problem wieder ‚einstellen' – eine Problemlösung anbietet. *Daß* diese Wiedereinstellung geradezu reflexhaft erfolgt, ist mit dem bereits erwähnten Zigarnik-Effekt beschrieben, wenn auch nicht erklärt worden (aber bei vielen psychologischen Phänomenen reicht es nur bis zur Beschreibung). Die Problemlösung taucht also nicht etwa aus den ‚Tiefenschichten' eines Unbewußten auf, sondern sie erfolgt im Rahmen eines normalisierten und nicht überforcierten Denkaktes. Das einzig ‚Erstaunliche', aber auch aus anderen physiologischen Abläufen Bekannte und Erklärbare ist die Art ‚Nötigung' unseres Denkens zum Abschließen, zum Vollenden des Denkvorgangs, genauer: der Denk-Figur. Wertheimer und die Gestaltpsychologen haben gezeigt, auf welche Art Gestaltwahrnehmen und – bei unvollendeter Gestalt – auf welches ‚Gestaltschließen' unser Wahrnehmungsapparat ohne jegliche Einbeziehung eines Unbewußten, Intuitiven, Irrationalen angelegt ist.

Will ich also einen ins Stocken geratenen kreativen Denkprozeß wieder in Fluß bringen, so muß ich ihn ‚normalisieren', und das heißt: ich muß die Überlastung der Nervenbahnen abbauen, den *Zwang* zum Erinnern und Assoziieren unterbrechen, das sich um jeden Preis etwas Einfallenlassen-Müssen. Sowohl die Übernahme von Reizen ins Gedächtnis wie das spontane Angebot von gespeicherten Inhalten als Assoziation setzt normale, nicht-überlastete Nerventätigkeit voraus.

Einem Aufgeregten, der uns kaum Verständliches entgegensprudelt, versuchen wir zunächst zuzureden: Nun beruhige dich erst mal wieder! Jemand, der sich nicht konzentrieren kann, vermag dies ja nicht deshalb, weil ihm zu wenige, sondern weil ihm zu viele Gedanken durch den Kopf gehen. Wo Ängste vorliegen, gilt es zunächst, diese abzubauen, um einen normalen gerichteten Gedankenfluß in die (normalisierten neuronalen) Wege zu leiten. Befürchtungen, an die man am liebsten gar nicht denken möchte und die man deshalb zur Seite schiebt, verdrängt, lassen sich aber nicht beiseite schieben, sondern legen sich im Gegenteil – als ungelöste Probleme dann erst recht – quer. In diesem Fall hilft die gedankliche Übung der paradoxen Intention. Durch sie wird das Krampfhafte im Beiseiteschieben eines quälenden Gedankeninhalts wieder in die

Bahnen eines unbelasteten gedanklichen Ablaufs zurückgeführt (siehe hierzu I. 6. Über das paradoxe Denken).

Kreativität als jene Form des freien Gestaltens, die schon das Kleinkind im Sandkasten zeigt, verläuft noch weitgehend unlogisch. *Innovatives* Denken hingegen als ein auf Brauchbarkeit und Realisierbarkeit gerichtetes Hervorbringen ist ohne Rationalität gar nicht möglich. Mehr als assoziative Hilfe hat uns aber die Evolution nach 3 Milliarden Jahren Leben auf unserem Globus noch nicht zur Verfügung gestellt. Diese Assoziationen sind auf ihre Weise zwar durchaus problembezogen, aber nicht im strengen Sinne logisch. Mitunter sind sie ausgesprochen bizarr, zuweilen sogar grotesk. Aber gerade darin liegt nicht selten ihr Wert, nicht im Sinne der Nachahmung eines Vorgangs, sondern der gedanklichen Weiterführung: Da sagt jemand, wie es heißt ,aus Versehen', am offenen Grabe zu einem Leidtragenden: „Herzlichen…Glückwunsch". Ein Psychoanalytiker würde sofort schlußfolgern: Oberbegriff ,Freud'-sche Fehlleistung', Unterbegriff ,Verdrängung', Stichwort ,Wunscherfüllung'. Ergo meint der Betreffende: „Wie gut, daß der Kerl tot ist!" Das mag gelegentlich durchaus einmal so sein. Aber zunächst steckt nicht mehr dahinter, als daß unser assoziatives Begriffsangebot, wie die Erfahrung lehrt, auch in diesem Fall sehr weit ausgegriffen hat – und darin liegt auch sein Vorzug. So ruft es zunächst einmal alles auf, was überhaupt in einem gewissen Zusammenhang mit bestimmten Problemen und Situationen steht, ,in denen man etwa sagt': „Meine Anerkennung!" „Trösten Sie sich!" „Viel Spaß!" „Herzliches Beileid!" oder ähnliches.

Die assoziativen Angebote erfolgen nicht logisch streng gefiltert. Wäre dies der Fall, hätten sie für uns im Hinblick auf die Verbesserung unserer Überlebensfähigkeit (und darauf zielt alles Angeborene ab) kaum einen Wert. Denken wir einmal an die Technik des Brainstormings, die gerade darauf beruht, den ,Sturm' des ,Brains' ohne logisch vorgegebene Einschränkungen zu entfachen. Jeder darf und soll einfach ,drauflos denken', Kritik ist tödlich. Nur so besteht die Chance, daß auch etwas auf den ersten Blick scheinbar Unlogisches, auf den zweiten Blick jedoch durchaus Verwendungsfähiges und Originelles ,uns zufliegt'. Denn auf streng logisch Konstruiertes kämen wir durch eigenes Nachdenken schon selbst. Das Ungewöhnliche, das mitunter unerkannt Naheliegende oder auch das ,eigentlich' Fernerliegende, aber durchaus Zutreffende und Relevante, das bietet das assoziative Gedächtnis nur im freien und ungehinderten Strom der ‚Einfälle'.

Intuitives Denken, wenn es dies denn schon gäbe und wenn es aus dem Unbewußten käme, wäre also zumindest weitgehend unlogisch, jedenfalls nicht logischer als die assoziativen Angebote, die unser üblicher Denkapparat ‚von sich aus' schon zu Wege bringt, wie es jeder täglich erfahren kann. Um eine rationale Nachjustierung kämen wir also in dem einen wie in dem anderen Falle nicht herum, denn auch die Eingebungen aus dem Brainstorming werden nicht ungeprüft übernommen. Christoph O. Podak[18] hat in einem umfangreichen Aufsatz über Denken und Organisieren das ‚intuitive Denken' ebenfalls aus dem Schatten psychologischer Selbsterfahrung herausgerückt, auch wenn er den Begriff des Intuitiven etwas umständlich und für manchen möglicherweise mißverständlich umschreibt, indem er vom Umgang mit zusammenhanglosen Wahrnehmungen, Vorstellungen, Meinungen, Assoziationen und vielfältigen Einfällen sagt: „Doch soll unser Urteil (darüber) wirklichkeitsgemäß, somit tragfähig sein, so benötigen wir ein reines intuitives Denken... Intuitiv nicht im gebräuchlichen psychologischen Sinne einer mehr instinktiven, zufälligen Treffsicherheit, sondern einer *aktiv und wissentlich beherrschten begrifflichen Genauigkeit*. Lernen wir mehr und mehr aus letztgenannter Quelle schöpfen, so gewinnen wir – dank dieser ‚Technik' – Selbstsicherheit; was nicht zu verwechseln ist mit möglichen Resultaten bloßer psychologischer Selbsterfahrung." (kursive Hervorhebung durch den Autor dieses Buches).

Man muß also vergeblich Ausschau halten nach dem „überbewußten Intuitiven", nach den „unbewußten Programmierungen", „unbewußten Motiven" und nach der „Doppelvernunft" „linksseitig-prinzipieller und rechtsseitig-okkasioneller Rationalität". Daß es unterschiedliche Hirnhemisphären mit unterschiedlichen Aufgaben gibt, bedarf keiner Bestätigung. Daß wir den Botschaften unseres Zwischenhirns vielleicht ein wenig mehr Beachtung schenken und uns selbst nicht allzu sehr gegen den gefühlsmäßigen Strich bürsten und nicht gar so ‚rational' gegen alle möglichen Gefühle andenken sollten, erscheint ebenfalls sinnvoll. Aber damit lernen wir nur uns selbst besser kennen, unsere Vorlieben und Stärken wie unsere Abneigungen und Schwächen, nicht zuletzt aber auch unsere Hoffnungen, Befürchtungen und Ängste. Wenn wir uns bei jedem einigermaßen wichtigen Denkakt und vor allem bei jeder Entscheidung über diese Gefühle Rechenschaft geben und unsere Entscheidungen in klarer Erkenntnis und unter den Bedingungen dieser Zwischenhirnbotschaften bewerten, werden diese Entscheidungen uns selbst gegenüber subjektiv sicher angemessener und damit vielleicht auch im Hinblick auf ihre Ergebnisse objektiv „richtiger".

6. Über das paradoxe Denken

Das erst ‚auf den zweiten Blick‘ logische, Von-den-anderen-her-Denken‘

Was paradox ist, ist im allgemeinen bekannt: Wenn nicht der Herr den Hund, sondern der Hund den Herrn an der Leine führt, so ist das paradox.

Schaut man sich den Begriff ‚paradox‘ – oder ‚Paradoxie‘ als paradoxer Sachverhalt – einmal näher an, so gilt ‚paradox‘ zunächst als etwas Unerwartetes, manchmal sogar Unsinniges, das zwar auf den ersten Blick unlogisch oder widersprüchlich zu sein scheint, jedoch auf den zweiten Blick, beim näheren Durchdenken, auf eine Wahrheit höherer Ordnung verweist (Lexikon).

Was heißt nun aber ‚erster Blick‘ und ‚zweiter Blick‘, und was bedeutet in diesem Zusammenhang ‚logisch‘ oder ‚unlogisch‘ oder gar ‚höhere Wahrheit‘?

Daß uns Logik allein nicht weiterhilft, macht schon einer der gängigen Verrücktenwitze deutlich: Ein Mann, der meint, daß er eine Maus sei, wird ‚als geheilt entlassen‘. Aber schon nach wenigen Minuten kommt er zu seinem Arzt zurückgelaufen und sagt: „Dahinten sitzt eine Katze!" Ärgerlich sagt der Arzt zu ihm: „Sie wissen doch jetzt, daß Sie keine Maus sind!" „Aber ja," antwortet der scheinbar Geheilte, „aber weiß das auch die Katze?"

Jeder Mensch hat im Grunde genommen – zwar nicht seine eigene Logik, wohl aber – sein eigenes Verständnis von Realität: Der Irre genauso wie der sogenannte Normale und bei den Normalen wiederum die Vielzahl derer, die durch die Brille einer ganz bestimmten Weltanschauung starren: der politische Fanatiker genauso wie der politisch Uninteressierte, der Gläubige wie der Atheist oder derjenige, der, wie er meint, nur die objektiven Erscheinungen des Daseins, gewissermaßen naturwissenschaftlich, berücksichtigt.

Unlogisch kann dabei immer nur die *Verknüpfung der Sachverhalte* sein, während die Sachverhalte selbst sich nicht an der Logik, sondern an der

Realität messen lassen müssen. Daß einer den anderen an der Leine führt (überlicherweise der Herr den Hund), ist durchaus logisch: Erst durch die – unserer üblichen Erfahrung widersprechende – Verknüpfung von Hund und Herr wird dieser Vorgang zwar nicht unlogisch, aber unrealistisch. Daß jemand, der glaubt, eine Maus zu sein, vor einer Katze Angst hat, ist logisch. Hingegen daß ein Mann eine Maus sein könnte, will uns – als realitätsfern – nicht in den Kopf. *Das Paradoxe stößt sich also nicht an der Logik, sondern an der Realität.*

Damit sind wir bereits bei der inneren Struktur des Paradoxen: Während das Mann-und-Maus-Beispiel lediglich zeigt, daß jeder sein eigenes Verhältnis zur Realität hat, innerhalb dessen er sich durchaus logisch verhält, zeigt ‚Herr und Hund' bereits eine echte Paradoxie: zunächst hat der Herr den Hund spazierengeführt, und zwar zu dessen Nutzen – und dann ist daraus eine Gewohnheit geworden, die nun auch dem Herrn nutzt, obwohl der Hund der Auslöser zu sein scheint und der Nutzen des Herrn sicher nicht in der Absicht des Hundes liegt.

Beim paradoxen Handeln geht es immer um einen erst auf den zweiten Blick erkennbaren Nutzen und immer darum, daß man diesen Nutzen nur dann verwirklicht, wenn man dabei sozusagen mit den Augen des anderen sieht.

Wenn ein Vorgesetzter jemanden ungerechtfertigt anpfeift, möchte dieser ihn am liebsten erwürgen. Warum tut er es nicht? Warum macht er auch noch ein möglichst unschuldiges Gesicht und sendet alle möglichen Beschwichtigungssignale aus, um den Kerl milde zu stimmen? Ist das nicht paradox? Und hat der andere denn das verdient? Ganz bestimmt nicht! Aber der Angepfiffene will die Sache nicht noch schlimmer machen, als sie ohnehin schon ist – also keine spontanen Reaktionen, sondern paradoxes Verhalten: auf den Effekt sehen, zielorientiert – nicht aus Feigheit, sondern aus Klugheit (hoffentlich!).

Es ist im Leben leider nicht so, daß der, der etwas verdient, auch das bekommt, was er verdient – im guten wie im bösen. Aber *wir selbst* sollten bei dem, was wir zu erreichen versuchen, einen Unterschied zwischen unseren Zielen und unseren Emotionen machen: Wollen wir nur unseren Gefühlen freien Lauf lassen, oder wollen wir auf etwas ganz anderes Bestimmtes hinaus?

Das Paradoxe ist das Sinnvolle, das meist erst auf den zweiten Blick als das eigentlich Wirkungsvolle erkannt wird.

Einer meiner Nachbarn wurde durch unser manchmal laut dröhnendes Garagentor gestört, das kaputt war und sich meinen Reparaturbemühungen gegenüber unzugänglich erwiesen hatte (wer bestellt heute schon einen Handwerker, der 1. nicht kommt und 2. unerhört teuer ist?). Also erschien eines Tages mein weiser und handwerklich ungleich begabterer Nachbar und brachte stillschweigend mein Garagentor in Ordnung.

Ergebnis: Ein leiseres Garagentor und feurige Kohlen auf meinem Haupte, die mich jedesmal mahnen, das Tor leise zu schließen.

Was uns davon abhält, im Leben wirklich das zu erreichen, was wir gern erreichen wollen, ist oft eine vordergründige Logik, die nichts weiter ist als ein spontanes, instinktives, aber gerade deshalb in seinen Folgen so fragwürdiges Verhalten, das sich in so bekannten Formulierungen wiederfindet wie: *Hab' ich das nötig? (Hatte mein Nachbar es nötig, mein Garagentor zu reparieren? Und warum hat er sich nicht gesagt: „Da könnte doch jeder kommen! Wenn das nun alle so machten...!")*

Instinktives Verhalten heißt gedankenloses – bedenkenloses, automatisches – Funktionieren, reflexhaft, spontan. In der Mehrzahl aller Fälle geht es in der Welt der Instinkte auch gut: Bei Angriff eines Überlegenen heißt es flüchten, bei der Begegnung mit einem Unterlegenen wird Überlegenheit demonstriert, Revier oder Besitzstand verteidigt. Daß der Angriff die beste Verteidigung ist, gilt selbst bei Tieren, und zwar dann, wenn ein überlegener Angreifer schon zu nah ist, als daß eine Flucht noch aussichtsreich wäre.

Beim Menschen kann zwar eine Reaktion auch instinkthaft-spontan ausgelöst werden, aber bis auf den Zustand der Panik, bei dem die rationale Kontrolle auch beim Menschen nicht rechtzeitig wieder einsetzt, gerät unser Handeln sehr schnell wieder unter die Herrschaft der Großhirnrinde. Wir be-sinn-en uns – und dann gibt es noch eine ganze Menge mehr Lösungen als nur besinnungslose Flucht oder bedenkenloser Angriff.

Das Dümmste, was Menschen tun können, ist zu drohen. Das entlastet zweifellos für einen Augenblick ihre Gemütslage: Warte mal ab, dir werde ich's heimzahlen!

Aber der andere weiß nun Bescheid! Und er weiß, daß er jetzt aufrüsten muß, und die beste Verteidigung, so heißt es doch, ist immer noch der Angriff. Der Droher macht die Lage also nur noch gefährlicher. Die nächste Stufe der Drohung ist dann die Abschreckung und die übernächste ‚die totale Verteidigung': die Bedrohung durch Unangreifbarkeit (wie beim SDI Programm des ehemaligen US-Präsidenten Reagan), weil sie dem Unangreifbaren dann praktisch alles erlaubte (falls sie glückte) und den Bedrohten dann nur noch zu Verzweiflungstaten hinrisse.

Erinnern Sie sich an unser Anfangsbeispiel von dem von seiner Maus-Vorstellung geheilten Verrückten: sein Verhalten war logisch, aber nicht realistisch und im ganzen ungefährlich. Das, wovon wir jetzt sprechen, ist auf keinen Fall logisch, weder auf den ersten Blick noch auf den zweiten –, aber leider realistisch und äußerst gefährlich. Dabei müßte doch einleuchten, daß noch gefährlicher als die Bedrohung durch Angriffswaffen die Bedrohung durch die Unverwundbarkeit durch Angriffswaffen wäre. Auch der ‚gehörnte Siegfried' wurde bekanntlich ermordet, nicht obwohl, sondern *weil* er als unverwundbar galt und somit eine permanente Bedrohung für alle anderen darstellte. Die besagte ‚Lindenblatt'-Stelle zwischen seinen Schulterblättern ließ sich schließlich doch finden (wie die Ferse des Achilles), und auch bei Reagans SDI würde sich etwas Ähnliches finden.

Was hilft, ist denken. Paradox denken – denken, was auf den ersten Blick widersinnig erscheint und erst auf den zweiten eine höhere Weisheit offenbart: niemals drohen und niemals übertreiben, weder mit Worten noch mit Waffen – will man tatsächlich nachhaltige Wirkungen erzielen (und dabei übertreibt man doch gerade um der Nachhaltigkeit willen!). Eher untertreiben und Gelassenheit zeigen – auch wenn's schwerfällt. Denn noch schwerer fiele das, ‚was danach kommt', die strategischen Überlegungen der 2. Art. (siehe II. 3. Über das Strategische Denken).

Drohung wie Abschreckung halten einen Gegner nur solange ab, wie der Angreifer nicht überlegen ist. Abschreckung zwingt zur Rüstung bis zur wiedererlangten Überlegenheit, und einen überlegenen – oder sich für überlegen haltenden – Angreifer hat noch niemand abgeschreckt. Abschreckung funktioniert nur in einer instinktgesteuerten Welt: Da kann ein Ochsenfrosch so tun, als sei er ein Ochse – ein Schmetterling schreckt ab durch eine übermäßige Augenzeichnung auf seinen Flügeln, ein Vogel spreizt das Gefieder und sieht auf einmal doppelt so groß aus, wie er ist, und Elefanten, Nashörner und Hirsche drohen mit Stoßzähnen, Hörnern und Geweihen. Biologisch gesehen sind das Signale, auf die in einer Instinktwelt auch instinktiv reagiert wird: flüchten oder angreifen. Menschen ist ,das gute Recht' genommen, den spontanen Eingebungen zu folgen. Ihre Pflicht ist es vielmehr, sich bei jeder Gelegenheit und unter allen denkbaren Umständen erst einmal zu fragen: *Was wollen wir eigentlich erreichen?* Und dann führt uns paradoxes Denken öfter als ,auf den ersten Blick logisches Denken' auf die richtige Spur:

Nehmen wir den ganz einfachen Fall einer üblen Nachrede. Möchte ich einen neidischen oder mißgünstigen Kollegen oder Nachbarn davon abhalten, Übles über mich zu reden, dann darf ich keinesfalls ,auf einen Schelm anderthalbe' setzen und mich nun meinerseits zu einer Verleumdungskampagne versteigen. Das wäre zwar instinktiv, spontan, reflexhaft und auf den ersten Blick hin auch logisch, aber mit zielbewußten oder gar erfolgreichen Überlegungen hätte das nichts zu tun. Will ich etwas erreichen, muß ich paradox denken und handeln: Ich muß über diesen Neider und mißgünstigen Wicht, über diesen Halunken tatsächlich auch noch *gut* reden – ich muß etwas für ihn völlig Unerwartetes, auf den ersten Blick scheinbar Irrationales und Unlogisches tun, das erst auf den zweiten Blick eine höhere Weisheit offenbart: ich muß nämlich diesen Neider wissen lassen, daß gar kein Grund besteht, über mich schlecht zu reden, weil ich gar nicht sein Feind bin. Im Gegenteil: Ich anerkenne ihn durchaus, ja… hm… ich bewundere ihn geradezu…

Wenn ich ihm das nicht ins Gesicht sage, weil er es dann womöglich für Ironie hält – aber es ist keine Ironie, sondern wohlüberlegte zielbewußte Paradoxie –, sondern wenn ich dafür sorge, daß er es durch Dritte erfährt, dann festige ich auch noch die etwas wacklige Glaubwürdigkeit meiner Aussagen und bewirke das, was ich bewirken *will:* ein friedliches, freundliches Klima.

Ich überlasse mich nicht blindlings den Folgen eines rein instinkthaften Verhaltens. Und wie soll mir dabei ein Stein aus der Krone fallen, wenn ich damit Erfolg habe?

Wir schrecken vor dem Paradoxen zurück, weil wir die höhere Weisheit, die auf den zweiten Blick erst erkennbare, nicht abwarten können. Wir möchten schnelle Erfolge sehen und sichere dazu, und darüber verfehlen wir so vieles, was notwendig ist.

Das Attentat auf Hitler vom 20. Juli 1944 wurde unternommen, obwohl nach Aussagen Henning v. Treskows, eines der Beteiligten, die Chancen denkbar gering waren. Logik hätte abraten müssen, aber das auf den zweiten Blick hin Notwendige und Sinnvolle – ein Zeichen zu setzen für noch ein anderes Deutschland in dieser Zeit – hat dazu geraten.

Es gibt so vieles, das auf den ersten Blick logisch erscheint, sich aber auf den zweiten Blick dann als falsch erweist – aber auch umgekehrt. Denken wir einmal an die Karriere:
Karriere macht man nämlich nicht – wie so oft angenommen – *gegen* die anderen, die man ‚überrunden‘ oder ‚ausschalten‘ zu müssen glaubt: Karriere macht man nur *mit* den anderen oder gar nur dann, wenn man bei seiner eigenen Karriere auch die der anderen mit bedenkt. Man erinnere sich nur an die so oft zitierten ‚Seilschaften‘ in der Politik, beim Militär oder in der Wirtschaft: einer zieht den anderen mit sich in die Höhe. Leute, die sich von Kindheit an oder von der Schule her kennen und dort durch das Punktesammeln nicht verdorben worden sind, machen miteinander Karriere: Sie denken nicht in Feindbildern und sehen in dem anderen nicht den Konkurrenten, sondern gegebenenfalls den Vorreiter, den Wegbereiter, denjenigen, der Schützenhilfe leisten kann, den Protektor – den Beschützer. Protektion, die so oft verrufene, ist nur dann schädlich, wenn der Protegierte *nicht* hält, was sein Protektor versprochen hat.

Umdenken – paradox denken: In der Psychotherapie kennt man das Phänomen der Paradoxen Intention: man muß das aufsuchen, anstreben, mitunter geradezu zu lieben versuchen, was man fürchtet: der Neurotiker zum Beispiel die Ursache seiner Neurose – bei einer Platzangst über einen großen Platz zu gehen oder sich in engen Räumen aufzuhalten oder sich unter vielen Leuten zu bewegen. Indem er jedoch lernt, gerade auf das zuzugehen, was ihn ängstigt, sich mit dem Befürchteten buchstäblich vertraut zu machen, mit ihm zu leben, ja es zu glossieren, zu ironisieren, zu verlachen, wird er seine Ängste los – nicht durch Meiden, sondern durch Aufsuchen. Paradox.

Eine Regierung, die Angst um ihr Bestehen hat, sollte Kritik nicht scheuen, sondern herausfordern: in einer freien Presse im politischen Kabarett, in der Satire. Je freier ein Staat ist, um so weniger Witze werden über ihn gemacht, und je selbstkritischer ein Vorgesetzter, um so weniger ist er Gegenstand der Kritik anderer.

Da das Denken im Ich seinen Ausgang nimmt – Descartes war ja der Meinung: cogito ergo sum (ich denke, also bin ich) –, wird unser Denken von diesem Ich dirigiert, nicht nur in bezug auf unsere Wahrnehmung, sondern auch auf die Wahrnehmung unserer Interessen. Bei Naturvölkern trifft man mitunter, wie beim Kleinkind, nicht auf die Ich-Form des Denkens und Sprechens; der einzelne sieht vielmehr sich selbst gewissermaßen distanziert als einen Handelnden und denkt sich in der ‚dritten Person‘, wie er sich auch mit seinem Namen nennt, wenn er von sich selbst spricht. Man hat deshalb auf eine weniger egozentrierte Form nicht nur des Denkens, sondern auch des sozialen Verhaltens geschlossen. Mag dies nun der Fall sein oder nicht: aus sozialpsychologischer Sicht müssen wir davon ausgehen, daß eine allzu große Ich-Fixiertheit die eigenen Interessen eher behindert als fördert.

Daß Egoisten abgelehnt werden, ist nichts Neues. Wer will sich schon vor den Wagen eines anderen spannen lassen. Aber auch Altruismus, zur Weltanschauung gewordene Menschenfreundlichkeit oder gar zur Religion gewordene Nächstenliebe, stößt seit eh und je auf Grenzen. Das ist nicht nur aus ethischen Gründen bedauerlich, sondern auch aus praktischen Gründen schade.

Wenn wir hier von paradoxen Problemlösungen ausgehen, dann heißt dies: *Von den anderen her denken.* Man kann auch sagen: Problemlösungen suchen, die *auch* im Interesse der anderen liegen. Das erscheint dann gar nicht mehr paradox, wenn wir von unserer Erkenntnis ausgehen, daß die Sinn-Beziehungen in allen sozialen Systemen als Dienstleistung beschrieben werden können und müssen.

Vor Jahren gab es einen amerikanischen Weihnachtsfilm, der auf den ersten Blick vor allem etwas Rührendes hatte. Erst auf den zweiten Blick zeigte sich, daß er von durchaus kommerzieller Logik war. Er handelte von dem berühmten New Yorker Kaufhaus Macy's. Dort hatte eine junge Dame, die mit der weihnachtlichen Verkaufsförderung beauftragt war, mehr aus Mitleid einen alten Mann angeheuert, der, als Weihnachtsmann verkleidet, ein bißchen weihnachtliche Stimmung in die Verkaufs-Etagen bringen sollte. Dieser Alte stellte sich in jeder Beziehung als ein ‚Weihnachtsmann‘ besonderer Art heraus: einmal in den Augen der Kunden, die er ungeniert beriet, in welchen anderen Geschäften sie möglicherweise das bekämen, was sie bei Macy's nicht gefunden hatten – und in den Augen der Geschäftsleitung, weil er die Kunden zur Konkurrenz trieb und dem eigenen Unternehmen Umsatzeinbußen ‚bescherte'. Bis eine überraschte und dankbare Kundin ihre Erfahrungen mit ihm in aller Fernseh-Öffentlichkeit aussprach und halb New York zu MACY's eilte, um diese paradoxe Art der Verkaufsförderung mitzuerleben. Über Nacht war dieser Weihnachtsmann zu einer Berühmtheit geworden, denn er hatte ausgerechnet zu Weihnachten „a new style of business" kreiert: „den Menschen ein Wohlgefallen".

In diesem Histörchen – „wenn nicht wahr, so doch gut erfunden" – steckt viel Weisheit. Die Geschichte ist so gut, daß sie von Dale Carnegie sein könnte, von dem auch die paradoxe Weisheit stammt: Laß dich beschenken und mach dir dadurch Freunde!

Im allgemeinen glaubt man, daß man durch Geschenke Freunde gewinnt und ‚kleine Geschenke die Freundschaft erhalten'. Das ist aber nur bedingt der Fall, und die Werbegeschenke-Industrie liefert mit fast jedem Objekt die täglich wiederholbare Erfahrung, daß Geschenke zwar möglicherweise ‚Freunde', aber noch lange keine Kunden machen. Der Kunde nimmt die Geschenke zwar in Empfang und zeigt sich auch sehr erfreut, aber auf sein Kaufverhalten hat das im allgemeinen wenig Einfluß. Der regelmäßig beschenkte Kunde rechnet vielmehr nach und nach mit bestimmten Geschenken zu bestimmten Zeiten und entwickelt geradezu eine Art von Besitzstanddenken.

Pharmafirmen hinterlassen nach dem Besuch ihrer Berater bei den Ärzten nicht nur wichtige Informationen über neue Medikamente, sondern vielfach auch für wichtig gehaltene Geschenke, vom Bildkalender im Großformat bis zur Lederjacke oder zur Reiseeinladung (zu einem wissenschaftlichen Kongreß) auf die Bermudas, auch im Großformat. Die – in Gegenwart des Pharmaberaters natürlich – unausgesprochene Geringschätzung des Schenkers und des von ihm vertretenen Unternehmens verhält sich dabei nicht selten umgekehrt proportional zur Größe der Geschenke. Der gute Pharmaberater hingegen weist durchaus auch auf die Produkte anderer Pharmaunternehmen hin, wenn er glaubt, damit ‚seinen Ärzten' nützlich zu sein, und er vermeidet es, sich mit allzu protzigen Hinterlassenschaften in ein falsches Licht zu setzen.

Vielleicht gilt auch für die zuvor genannten Geschenke, was die Römer über den Verrat zu sagen pflegten: man liebe zwar den Verrat, aber verachte den Verräter. So lieben manche Beschenkte zwar die Gaben, aber verachten den Geber. Es gibt eine ganze Anzahl wissenschaftlicher Untersuchungen, in denen die Einstellung zu einem Produkt bei Leuten getestet wurde, denen man viel, und bei anderen, denen man wenig oder gar nichts dafür gezahlt hatte, daß sie sich möglichst positiv über dieses Produkt in der Öffentlichkeit äußern sollten. Die Hochbezahlten waren vorwiegend der Meinung, daß mit der Sache selbst wohl nicht viel los sein könne, denn sonst brauche man es sich nicht so viel kosten lassen, um eine gute Meinung darüber zu verbreiten. Im Gegensatz dazu neigten die weniger gut Bezahlten eher zu der Annahme, daß die Sache es auch gar nicht nötig habe, sich mit Geld eine gute Meinung zu erkaufen. Es ist offenbar also so, daß sich ein gutes Gewissen bei einer gekauften Meinungsäußerung um so eher wieder einstellt, je geringer der ‚Kaufpreis' gewesen ist.

Auch im Umgang mit Gutachten zeigt sich ähnliches. Wer ein möglichst positives Gutachten haben will, muß – paradox – seinen Gutachter auffordern, möglichst streng und kritisch vorzugehen. Welcher Gutachter ließe es auch zu, daß man von ihm offen oder versteckt ein Gefälligkeitsgutachten erwartete – von ihm doch nicht! Bezüglich der Ergebnisse braucht man sich dann kaum noch Sorgen zu machen.

Wir hatten vom Schenken gesprochen: Carnegie hat das Schenken ganz anders gesehen: In seinem Buch „Wie man Freunde gewinnt" rät er vielmehr, daß man sich ‚beschenken lassen' soll und somit die Geber zu seinen Freunden macht. Fragen Sie einmal jemanden um Rat; bitten Sie jemanden, Ihnen aus der Patsche zu helfen, und zwar nicht nur zu einer üblichen Zeit, nein, zu einer ganz und gar unmöglichen Zeit, mitten in der Nacht oder, wie es mir einmal ging, am Ostersonntag-Nachmittag, als alle Welt bei Kaffee und Kuchen und Ostereiern saß.
Ausgerechnet in diesem Augenblick habe ich – im Vertrauen auf Carnegie – meine mir bis dahin noch wenig vertraute – Nachbarschaft zusammengetrommelt, weil bei dem strömenden Osterregen das Wasser bei uns durch das Flachdach schoß. Zwei Nachbarn hielten Regenschirme, unter denen dann der dritte mit der Lötlampe die Teerpappe trocknete, während der vierte neuen Teer aufbrachte. Es war kalt und naß, und der Wind pfiff uns ganz unösterlich um die Ohren und stülpte uns die Schirme um. Solche Aktionen mit anschließendem gemeinsamen Kaffeeklatsch, Schnupfen und Teerflecken am Anzug tragen mehr zur Festi-

gung einer Nachbarschaft bei als all die üblichen gutgemeinten, aber wohlfeilen Freundlichkeiten über den Gartenzaun hinweg.

Paradoxien sind gar nicht so selten, wie man glauben sollte. Reiche Leute sind oft knauserig und Superreiche geradezu geizig. Vom alten Flick kursiert der Ausspruch, daß man reich werde nicht durch das Geld, das man einnehme, sondern durch das, was man nicht ausgebe, und er soll auch immer argwöhnisch jede einzelne Glühbirne beäugt haben, ob sie wohl auch notwendig sei...
Eigentlich sollte man meinen, daß in großen Firmen vor allem an der Spitze über Wirtschaftlichkeit nachgedacht werde, aber auch in dieser Beziehung kann man auf Paradoxes stoßen. In einem Handelsunternehmen, das gerade in den Tagen, in denen ich dies niederschreibe, endgültig ein unrühmliches Ende gefunden hat, war schon vor Jahren jede Art von innerbetrieblicher Kommunikation zusammengebrochen. Man verkehrte nur noch schriftlich und durch Boten miteinander und auf jeweils vom Empfänger zu quittierenden Handzetteln. In diesem Unternehmen hörte ich folgendes Ferngespräch eines LKW-Fahrers mit an, das dieser mit einem 200 Kilometer weit entfernten Filialleiter führte. Letzterer hatte gerade eiligst eine Kiste Maracuja geordert, weil die Konkurrenz am seinem Ort Maracuja groß als Sonderangebot herausgestellt hatte: „Was willste haben, Maracujas? Eine Kiste? Du tickst wohl nicht richtig? Geh zu deiner Konkurrenz und kauf dir eine Kiste und verschenk' sie anschließend, dann biste noch immer billiger als deine Konkurrenz! Weißt du, was das kostet, einen LKW 200 Kilometer hin- und zurückschaukeln? Der Kilometer 1,80 DM, ohne meinen Stundenlohn. Kannste noch bis drei zählen?" Der LKW-Fahrer konnte es noch, nicht so das halbe Dutzend ‚Management', das die Anforderung gedankenlos ‚abgezeichnet' hatte.

Das bekannteste Beispiel für ein wohl durchdachtes, auf den ersten Blick aber paradoxes Verhalten ist mit dem Slogan „Öl für die Lampen Chinas" verbunden. Vor beinah 100 Jahren hatte der alte Rockefeller eine große Anzahl, man sprach von mehreren Millionen, Öllampen an die Chinesen verschenkt, damit diese dann sein Öl kaufen sollten (was sie dann wohl auch getan haben). Umsätze durch Verschenken? Das Prinzip hat bis auf den heutigen Tag Schule gemacht. Von der Computerindustrie geht die Saga, sie lasse es bewußt zu, daß Millionen von Raubkopien teurer Textsysteme vertrieben würden (man spricht im Fall eines besonders beliebten Systems von etwa 15 Millionen Stück), weil auf diese Weise die viel teurere Hardware sehr viel leichter – ebenfalls millionenfach – an den Mann gebracht werden kann.

Auch Kühlschränke für Eskimos gelten heute gar nicht mehr als paradox, weil ‚kühl‘ ein durchaus relativer Begriff ist. Die Eskimos halten darin ihre Waren ‚warm‘, denn außerhalb der Kühlschränke ist es viel, viel kälter.

Auch Bertelsmann hatte vor 30 Jahren seinen Lesering weitgehend auf der Paradoxie aufgebaut, Bücher an Leute zu verkaufen, die (noch) keine Bücher lasen. Lesering-Bücher wurden als sogenannte Vorschlagsbände (wenn die Betreffenden nicht tatsächlich einmal selbst auswählten) als Meterware ins Haus geliefert, um – nach der ‚Freßwelle‘ Anfang der fünfziger Jahre – die noch leeren Schrankwände der ersten ‚Möbelwelle‘ zu füllen. Die Bücher sahen dementsprechend mit ihren goldgeprägten knallbunten Lederrücken auch weniger wie ‚Bücher‘ und eher wie repräsentative Praliné-Packungen aus.

Die Automobilindustrie hat damit, daß sie *nicht* ausreichend liefern konnte, eine paradoxe Form von Werbung getrieben. Jahrelang sind die Kunden von Mercedes stolz darauf gewesen, monatelang auf den Wagen ihrer Wahl gewartet zu haben. Auch als (zu) hoch erkannte Preise sind keinesfalls immer ein Kaufhindernis gewesen, der Snob-Appeal macht‘s möglich. Das gilt noch nicht einmal nur für denjenigen, der‘s hat, sondern gerade auch für denjenigen, der es sich eigentlich gar nicht leisten kann.

Nicht das ist Luxus, daß man in der Lage ist, alles kaufen zu können, sondern daß man sich etwas leistet, was man sich eigentlich gar nicht leisten kann. Die Spekulation mit diesem, dem wahren Luxus, hat noch immer ihren Mann oder ihre Frau ernährt. Zum Menschen gehört es, immer wieder einmal über die Stränge zu schlagen und ‚Geld auszugeben, das man nicht hat, um Dinge zu kaufen, die man nicht braucht, um Leuten zu imponieren, die man nicht mag‘. Das heißt: Selbstbestätigung durch Konsumdemonstration – mal die Luxuskarosse, mal die Jeans für 300 Mark. Die Weisheit der Paradoxie lehrt: Mit dem scheinbar Unlogischen rechnen – hinter dem vordergründig Logischen das hintergründig Psycho-Logische sehen –, nicht von dem eigenen Verhalten auf das der anderen schließen, ja nicht einmal von dem scheinbar ganz eindeutigen Verhalten anderer auf deren tatsächliche Motive und Verhaltens-Möglichkeiten schlußfolgern. *Das* macht ein erfolgversprechendes – kein unbedingt erfolgreiches – Denken aus.

Von der Erfolgserwartung ausgehen – den möglichen Mißerfolg einkalkulieren – trotz Unsicherheit etwas wagen und... paradox taktieren.

Wissen Sie, worin das Paradoxe in der Briefträgerpsychologie besteht? Nun, Sie wissen es eigentlich schon: Mit den Augen der anderen sehen – in diesem Fall mit Hundeaugen. Briefträger werden bekanntlich öfter einmal in die Waden gebissen. Aus diesem Grunde hat man ihnen beigebracht, das Problem einmal aus der Hundeperspektive zu sehen (das Folgende ist kein Scherz, der Versuch hat tatsächlich stattgefunden, und es wurde in der Presse, vor Jahren schon, darüber berichtet).

Wenn also ein Briefträger vor einem bellenden und zähnefletschenden Hund steht, dann soll sich der Briefträger klarmachen, daß der Hund aus Angst bellt, denn er fürchtet sich vor allem, was größer ist als er selbst. Das geht ja nicht nur Hunden so. Deshalb soll sich der Briefträger auf die Knie herunter- und sich damit auf Augenhöhe mit dem Hund gegeben. Der erste Dampf ist bei dem Hund dann heraus. Weiterhin soll der Briefträger den Hund freundlich an-blicken, ihn aber nicht mit den entblößten Eckzähnen an-blecken, denn das versteht die Hundeseele als Droh- und Angriffsgeste miß (!). Darüber hinaus ist es dem Briefträger freigestellt, in Ermangelung eines Schwanzes mit einer Postsache zu wedeln, was den Hund am ehesten friedfertig stimmt... (alles klar?). Wenn Sie also wieder einmal mit einem furchterregenden Mitmenschen, einem grimmigen Vorgesetzten oder sich entsprechend gebärdenden Amtsinhaber zu tun haben oder aber auch mit einem angstschlotternden Untergebenen, gehen Sie mit ihm wenigstens so um wie mit einem Hund.

Das Paradoxe könnte die Welt verändern. Schon vor 2000 Jahren hat jemand die dazu notwendige, wohl paradoxeste Weisheit aller Zeiten ausgesprochen. Nehmen Sie sie einmal nicht als religiöse Mahnung, sondern als pure Psychologie:
Liebe deinen Nächsten – segne, die dich verfluchen, und tue wohl denen, die dich hassen und verfolgen: Nicht erst, wenn sie brav zu Kreuze gekrochen sind, wie die abgewirtschafteten Planstrategen und Machttaktiker des Ostblocks, wie ein abgeschlagener Konkurrent oder sonst ein Intimfeind, sondern schon *vorher.*

7. Zusammenfassung: Sinn-orientiertes Denken

Eine kurze Zusammenfassung des I. Teils möchten wir in einer schematischen Übersicht (Abbildung 2) vorstellen, die fünf unterschiedliche Arbeitsphasen unseres Bewußtseins veranschaulicht. In diesen Prozessen laufen
- unausgesetzt und
- gleichzeitig,
- differenziert und
- sinn-voll

Arbeitsprozesse ab, mit denen die Reiz-Aufnahme und -Verarbeitung durch unser Nervensystem zunächst biologisch sinnvoll als *Selbsterhaltung des biologischen Systems* ‚Mensch' gesteuert wird (siehe Phase 1 und 2). Daran schließen sich Denkprozesse mit zunehmender Ausrichtung auf die *Dienstleistungsaufgabe* des einzelnen Individuums an (siehe Phase 3, 4 und 5).

Unausgesetzt heißt ‚auch im Traum', wenngleich Wahrnehmung und Verarbeitung dabei nicht unbedingt denselben Kriterien unterliegen wie im Wachzustand. Nehmen wir im übrigen den Begriff ‚Dienstleistung' nicht allzu eng im Sinne unserer üblichen umgangssprachlichen Verwendung (Dienstleistungsberufe, Dienstleistungsunternehmen), sondern dehnen wir ihn auf jegliche Tätigkeit aus, die ein Mensch im sozialen Zusammenhang unternimmt, und sei es auch nur in kleinsten Einheiten wie Familie oder Freundeskreis, dann wird deutlich, daß unsere Definition von SINN als Selbsterhaltung und Dienstleistung uneingeschränkt auch für unsere Bewußtseinsabläufe gilt.

Abbildung 2 soll die spezifische Eingrenzung der aufgenommenen Reize (von der biologischen Sinn-Relevanz bis zur individuellen Sinn-Relevanz) und damit ihre qualitative Veränderung im Verlauf der Bewußtseinsprozesse andeuten.

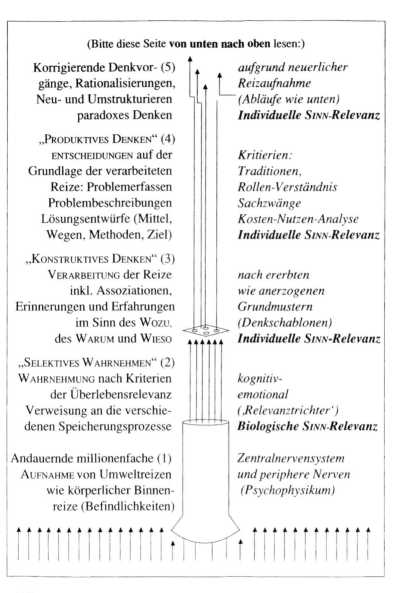

(Bitte diese Seite von unten nach oben lesen:)

Korrigierende Denkvor- (5)
gänge, Rationalisierungen,
Neu- und Umstrukturieren
paradoxes Denken

aufgrund neuerlicher
Reizaufnahme
(Abläufe wie unten)
Individuelle SINN-Relevanz

„PRODUKTIVES DENKEN" (4)
ENTSCHEIDUNGEN auf der
Grundlage der verarbeiteten
Reize: Problemerfassen
Problembeschreibungen
Lösungsentwürfe (Mittel,
Wegen, Methoden, Ziel)

Kritierien:
Traditionen,
Rollen-Verständnis
Sachzwänge
Kosten-Nutzen-Analyse
Individuelle SINN-Relevanz

„KONSTRUKTIVES DENKEN" (3)
VERARBEITUNG der Reize
inkl. Assoziationen,
Erinnerungen und Erfahrungen
im Sinn des WOZU,
des WARUM und WIESO

nach ererbten
wie anerzogenen
Grundmustern
(Denkschablonen)
Individuelle SINN-Relevanz

„SELEKTIVES WAHRNEHMEN" (2)
WAHRNEHMUNG nach Kriterien
der Überlebensrelevanz
Verweisung an die verschiedenen Speicherungsprozesse

kognitiv-
emotional
(‚Relevanztrichter')
Biologische SINN-Relevanz

Andauernde millionenfache (1)
AUFNAHME von Umweltreizen
wie körperlicher Binnen-
reize (Befindlichkeiten)

Zentralnervensystem
und periphere Nerven
(Psychophysikum)

Abbildung 2: Eingrenzung der Reize

95

Teil II:

Über Sinn-Orientierung
in der Unternehmens-Leitung

1. Über den Unterschied zwischen Führen und Leiten

Ist ein Lokomotivführer so etwas Ähnliches wie ein Bergführer und ein Bauleiter so etwas Ähnliches wie ein Chorleiter? Gewiß nicht. Der Lokomotivführer geht mit einer Maschine um und der Bauleiter mit den Plänen und Ablaufbedingungen für ein technisches Objekt – beide befassen sich also mit ‚Sachen' –, während der Bergführer und der Chorleiter Menschen betreuen.

Unsere Begriffsbildung ist hier nicht trennscharf, obwohl die ‚Objekte' – hier Sachen, dort Menschen – und die unterschiedliche Art der Zuwendung – hier Handhabung, dort einfühlsamer und verbaler Umgang – dies erforderlich machten.

Die Betriebswirtschaftslehre kennt diesen Unterschied üblicherweise nicht und betrachtet Führen mehr oder weniger als eine Art von Leiten auf den höheren Stufen der Hierarchie[19] (Wöhe). Für die vorliegende Thematik ist jedoch eine klare begriffliche Trennung von großer Bedeutung, weil Leiten, wie wir später noch sehen werden, *zweck*-orientiert und Führen *sinn*-orientiert ist – für den motivationalen Aspekt des Führens eine wichtige Voraussetzung.

Halten wir zunächst einmal fest:

Leiten ist das Strukturieren von sachlichen Abläufen, und Führen ist das Strukturieren von personalem Handeln: von Zusammenarbeit.

Während Leiten anonym vor sich gehen kann, bedarf Führen des unmittelbaren persönlichen Ansprechpartners.

Leitungsanweisungen, wie sie im organisatorisch-technischen Bereich üblich sind, werden als formalisierte Dienstanweisungen oder auch mündlich-persönlich weitergegeben, häufig anhand von Plänen und Zeichnungen, und ihre technische Übermittlung, gegebenenfalls über Druck, Mikrophon, Computer und ähnliches, ist durchaus möglich und üblich.

Daher braucht der persönliche Übermittler keinesfalls der Urheber der Leitungsanweisungen zu sein und ist es meistens auch nicht. Wenn der

Meister im Maschinensaal oder auf der Baustelle Anweisungen gibt, dann liegen denen die Vorschriften eines Ingenieurs oder Architekten zugrunde, den vielleicht niemand zu Gesicht bekommt. Ob jener ein guter oder ein schlechter Mensch ist, ob er freundlich oder grob, menschlich zuverlässig oder ein Windhund ist, spielt im Hinblick auf die von ihm erstellten Arbeitsunterlagen keine Rolle. Die Pläne, Zeichnungen und Beschreibungen müssen ‚stimmen‘ und allen Überprüfungen, Messungen und Berechnungen standhalten – ob ihr Urheber einen guten oder schlechten oder gar keinen Charakter hat, ist unerheblich.

Ganz anders steht es bei der Führung.

Führung ist immer eine unmittelbare und persönliche Beziehung zwischen Menschen. Während das Durchsetzen von Leitungsanweisungen arbeitsgerichtlich erzwungen werden kann, muß Führung stets auf persönliche Anerkennung und Akzeptanz bedacht sein. Wenn plötzlich ein Arbeiter in der Tabakindustrie zum Nichtraucher wird und nunmehr verlangt, keine Zigaretten mehr drehen zu müssen, dann muß er möglicherweise gehen. Er hat schließlich den Unternehmens-Zweck gekannt und diesen mit seinem Arbeitsvertrag auch anerkannt.

Die Anerkennung eines Vorgesetzten als Führer – und diese Anerkennung ist die erste Voraussetzung dafür, daß auch dessen Führungsinitiativen erfolgreich sein können – läßt sich vor keinem Gericht erzwingen.

Führung muß vierfach akzeptiert sein:

Einmal in der Persönlichkeit des Führenden, in seinem Charakter,
zum anderen in seiner sachlichen Kompetenz,
zum dritten in den Zielen der Führung
und schließlich auch in den anzuwendenden Mitteln.

Ein Führer braucht nicht der beste Fachmann seiner Gruppe zu sein, aber er muß mit allen, den besten wie den weniger guten, so umgehen können, daß das Ergebnis ‚Zusammenarbeit‘ ist: kein *Addieren* von Einzeltätigkeiten, sondern ein *Multiplizieren* von wohlüberlegten Arbeitsergebnissen.

Obwohl sich die Bemühungen der Führung auf den Unternehmens-Zweck und damit auf das Erreichen der sachlichen Arbeitsaufgaben erstrecken (siehe hierzu III. 1 und 2), müssen die hierzu von der Führung gesetzten Teilziele des WIE des Erreichens und der hierfür einzusetzenden Mittel (WOMIT) von den zu Führenden akzeptiert werden. Ein Führer darf die Durchsetzung wirtschaftlich noch so einwandfreier Unternehmensziele nicht ‚mit allen Mitteln', gegebenenfalls unter körperlich ruinösen oder die Würde seiner Mitarbeiter strapazieren den Bedingungen, also etwa durch Bestechung oder Prostitution, zu erzwingen versuchen.

Der Unterschied zwischen Führen und Leiten ist also erheblich und wird uns noch deutlicher werden, wenn wir zur motivationalen Aufgabe der Führung kommen (siehe Teil III): denn die Motivation der Mitarbeiter kommt nicht von den objektiven Zwecken, die von der Unternehmungs-Leitung festgesetzt werden, sondern vom *subjektiven SINN des individuellen Handelns*. Dessen Verwirklichung ist die eigentliche Aufgabe der Führung.

2. Sinn und Zweck in der Unternehmens-Leitung

Zu Anfang hatten wir bereits über den grundlegenden Unterschied von Sinn und Zweck gesprochen, wobei zunächst der Sinn als das übergeordnete Kriterium in Erscheinung getreten war. Bei näherer Betrachtung ergibt sich jedoch, daß zwischen Sinn und Zweck eine Beziehung wechselseitiger Abhängigkeit besteht. Zweckerfüllung ist zwar die *Voraussetzung* für Sinn-Verwirklichung, aber letztere entscheidet über Fortentwicklung oder Untergang des gesamten Systems und gibt somit den Maßstab an für dessen Existenzfähigkeit überhaupt.

Das Beispiel Borgward hatte überdies gezeigt, welche entscheidende Rolle der Sinn als Kriterium spielt und wohin es führen kann, wenn der Sinn des einen zum ‚Selbst-Zweck‘, also zum Sinn-Ersatz, des anderen wird. In Unternehmen und Organisationen können Konftlikte dieser Art dreifach in Erscheinung treten, und zwar als

– Sinn vs. Sinn: Die Sinn-Vorstellungen des einen stehen gegen die Sinnvorstellungen eines anderen,

– Zweck vs. Zweck: die Zweckmäßigkeitserwägungen des einen stehen gegen die Zweckmäßigkeitserwägungen des anderen,

– Zweck vs. Sinn: die innersystemischen Zweckmäßigkeiten entsprechen nicht den Sinn-Erfordernissen des Systems.

„Sinn vs. Sinn" kann auftreten, wenn nach Auffassung des einen die Dienstleistung des Systems/Unternehmens nicht mehr den aktuellen Erfordernissen entspricht und somit die Honorierung durch das übergeordnete System (Markt) gefährdet ist. Beispiel Nixdorf: Das Verkennen der Bedeutung der Personalcomputer – Heinz Nixdorf: „Wir bauen Lastkraftwagen, keine Mopeds!" (FAZ). Wie im Falle Borgward wäre hier eine rechtzeitige Umstrukturierung des Angebots dringend erforderlich gewesen.

Die Umwelt eines sozialen Systems und damit auch eines Unternehmens ist aber nicht immer nur der Markt – Umwelt ist alles, womit überhaupt eine Sinn-Beziehung hergestellt werden kann. Bei einem Unternehmen kann dies die Umwelt als Natur sein, aber auch die Belegschaft oder die Eigentümer oder die Öffentlichkeit, und letztere sowohl in materieller wie in ideeller Hinsicht: es braucht dabei ja nicht immer nur um Markt-erlöse zu gehen, sondern auch um ideelle Akzeptanz im Sinne von ge-sellschaftlicher Moral.

Im Fall ,Contergan' hatte das Einnehmen dieses Medikaments während der Schwangerschaft tausendfach Mißbildungen bei Neugeborenen zur Folge und führte bei dem betroffenen Pharmaunternehmen sowohl zu er-heblichen materiellen wie ideellen Einbußen. Geschäftsleitungsentschei-dungen – wie bei Dornier – können unter Umständen monatelange Kon-flikte mit den Eigentümern einbringen oder auch – wie bei Imhausen – mit den juristischen Staatsorganen. Mitunter muß man sich aber auch darüber auseinandersetzen, ob an einem traditionellen Angebot festgehal-ten werden soll, das für manchen nicht nur einen Zweckgesichtspunkt darstellt, sondern aufgrund von Tradition und Qualitätsbestrebungen auch von großer sinnhafter Bedeutung sein kann wie bei einer bayeri-schen Bierbrauerei mit vielleicht 400jähriger Brautradition. Ein solches Unternehmen wird sich möglicherweise schwerer zu neuen Produkten wie Limonade oder Coca-Cola entschließen als ein beliebiges Abfüll-Unternehmen, das bisher vielleicht Waschmittel oder Salatöl abgefüllt hat.

Tradition hat viel mit Sinn und oftmals gefährlich viel mit Eigen-Sinn zu tun. Das tiefverwurzelte traditionelle Angebot, das ursprünglich eben-falls Ausdruck einer traditionellen Akzeptanz durch den Markt gewesen ist, darf *diesen,* den entscheidenden, Sinn-Aspekt nicht verleugnen und im Traditionellen an sich keinen ,Sinn' eigener Art sehen.

Daß bei einem veränderten Dienstleistungsangebot der ursprüngliche Marktsektor nicht aufgegeben werden sollte, hat auch etwas mit Akzep-tanz zu tun. ,Man' traut zwar einem Bierbrauer eher Limonade als einem Limonadehersteller Bier zu, aber immerhin… Wenn der General-Manager eines Medienunternehmens jedoch plötzlich auch noch auf Eier-Massenfabrikation oder Damenoberbekleidung umsteigt, schadet das nicht nur seinem persönlichen Image, sondern auch dem Image sei-ner Firma am Markt. Diversifikation hat ihre Grenzen und besonderen Methoden, Kapital kann beliebig diversifizieren, Managementkompetenz nur in einem begrenzten Maße. Ein Umsteigen vom Bierverleger zum Buchverleger würde vielleicht nicht nur den Büchern, sondern auch dem Verleger schaden.

Image hat sehr viel mit Sinn zu tun. Ein angesehener Wissenschaftler hat einmal gesagt, die Kirche könne vielleicht eine Erdbeerplantage, gewiß aber kein Bordell eröffnen. Sinn, Image und Glaubwürdigkeit sind enge Verwandte, vielleicht Geschwister, manchmal auch nur Halbgeschwister, dort nämlich, wo der Sinn als Vater die Moral und als Mutter den Markt hat; mitunter aber weisen auch beide Eltern nur eine rein kommerzielle Herkunft auf.

Gelegentlich gibt es nicht nur zweiseitige, sondern auch mehrseitige Sinn-Konflikte, wie derzeit in der Landwirtschaftspolitik. Hier steht die verständliche Berufstradition vieler Bauern der in puncto Mengen und Preisen ausbleibenden Marktakzeptanz gegenüber. Dazu kommt die Wahltaktik der Parteien als dritte sehr sinnige Überlegung: vom selbständigen und traditionsbewußten bäuerlichen Unternehmer erwartet man auch ein entsprechend traditionelles Wahlverhalten. Seit den Zeiten solcher Märchen wie „Das Riesenspielzeug" („und wäre nicht der Bauer, so hättest du kein Brot!"), wo sich selbst ‚die Riesen‘, einer solchen Einsicht zu beugen hatten, leisten wir uns wirtschaftlich nostalgische Vorstellungen von einer ‚gesunden‘ (nicht ‚Land‘-Wirtschaft, sondern) ‚Bauernschaft‘, auch wenn wir Landwirtschaft sagen. Die Idee, daß ein Selbständiger, ein Unternehmer und schon gar ein in Gott gefestigter ‚Bauer‘, nicht auch mal ‚links‘ wählen könnte, ist purer Wahn. Er wählt, wie alle anderen, diejenigen, die ihm die attraktivsten Wahlgeschenke machen. Und wenn das immer dieselben sind, wählt er auch immer dieselben – nicht weil sie rechts stehen, sondern weil sie ihm nicht etwas Rechtes, wohl aber das Richtige versprechen.

Der Sinn dieser wahltaktischen Überlegungen hat nichts mit dem Dienstleistungscharakter des landwirtschaftlichen Angebotes zu tun und ignoriert darüber hinaus noch kühl dessen ausbleibende Marktakzeptanz – denn jeglicher Sinn hat immer seinen eigenen Verweisungshorizont, wie wir schon einmal festgestellt hatten. Der Sinn aller wahltaktischen Überlegungen verweist eindeutig auf das politische Glück der größten Zahl von Parteistimmen – so sinnlos dies auch aus der Sicht anderer Verweisungshorizonte sein mag.

Nun zum Konflikt zwischen Sinn und Zweck: Daß unterschiedliche Auffassungen über die zweckmäßigere technische Ausstattung oder vertriebliche Vorgehensweise in einem Unternehmen aufeinanderprallen können, gehört zum betrieblichen Alltag. Dabei ist die Sinn-Orientierung der allein zuständige Problemlösungsmaßstab: *Was unterstützt am unmittelbarsten die Dienstleistungsaufgabe des Unternehmens und stellt deren Honorierung am ehesten sicher?* Jegliche Zwecklösung muß sich am Sinn messen lassen, dessen ‚Erfüllungshilfe' sie ist.

Immerhin tut man sich bei puren Zweckmäßigkeitserwägungen oft leichter, weil Auseinandersetzungen dieser Art zwar auch von Rechthabereien begleitet sein können, im allgemeinen aber doch jene emotionale Komponente vermissen lassen, von denen Sinn-Kontroversen häufig geprägt sind. Ob man bei der Einführung eines neuen Artikels mit dem Großhandel arbeitet (der Handelsspannen ‚kostet') oder den Einzelhandel direkt anspricht, ist eine Frage der Kalkulation. Ob man mit angestellten Verkäufern oder mit freien Handelsvertretern besser abschneidet, kann man sich ausrechnen; desgleichen ob man Teilproduktionen an Subunternehmer vergibt oder alles im eigenen Haus herstellt. Wo der spitze Bleistift regiert, versachlicht sich im allgemeinen ein Problem. Deshalb ist die Anfangsfrage so wichtig: Haben wir es mit einem Sinn- oder mit einem Zweckproblem zu tun? Wenn es sich um ein Sinn-Problem handelt: Wie weit sind die Sinn-Bedürfnisse anderer betroffen – wie steht es mit der ideellen oder materiellen Akzeptanz? Bei einem Zweckproblem nähert man sich bereits wieder Sachzwängen (der Markt wäre beispielsweise ein Sachzwang-Auslöser) – und gegen Sachzwänge kann man an-rechnen.

Deshalb lautet der Rat (wenn auch nicht die Regel): Zuerst die Sinn-Beziehung eruieren und dann so rasch wie möglich auf Zweckaspekte übergehen, weil diese sich berechnen lassen.

Schwierig wird es oft, wenn die Zweckmäßigkeit von Maßnahmen zur Wahrung der Sinnhaftigkeit einer Aktion in Frage gestellt wird – siehe „ZWECK VS. SINN":
Reicht es zum Beispiel aus, daß Pharma-Unternehmen außergerichtliche Vergleiche mit scheinbar ‚freiwilligen' Leistungen an Aidsopfer ihrer Blutpräparate anbieten oder daß Industrien den Neubau von Klär- oder Abgasanlagen zunächst einmal ankündigen, während Zweifel an der endgültigen Verwirklichung berechtigt sind? Wenn es um die Glaubwürdigkeit von Unternehmen, Institutionen oder Industriezweigen geht, kann man die Zweckmäßigkeiten gar nicht scharf genug unter Sinn-Gesichtspunkten überprüfen. Lieber sinn-voll ‚zuviel' als unter Zweck-

mäßigkeitserwägungen nur das Notwendige tun. Der Zersetzungsprozeß der Glaubwürdigkeit kann unter Umständen die Kosten einer Nachbesserung ins Unüberschaubare ansteigen lassen. Und man vergesse nie: Ein Unternehmen lebt von der Akzeptanz seines Sinn-Angebotes, nicht von der Anerkennung der Zweckmäßigkeit seiner betriebsinternen Einrichtungen. Der Verzicht auf vierzehn Prozent Tieffliegerei um den Jahreswechsel 1988/89 war aus Zweckmäßigkeitsüberlegungen (Ausfall von Trainingsstunden) unerheblich, aus Sinn-Gesichtspunkten – Anerkennung einer Problemsituation – von großer Bedeutung. Die sorgfältige Beantwortung von 2000 Reklamationen bei 2 Millionen Versandhauskunden – im Unterschied zu einer nur schematischen und unpersönlichen Umtauschaktion – mag den Zweck (eben den gewünschten Umtausch oder die Rücknahme) scheinbar unnötig verteuern, ist aber als sinnvolle vertrauensbildende Maßnahme durch nichts zu übertreffen. Bekanntlich ist es billiger, Kunden, die man hat, zu halten, als neue Kunden zu gewinnen. Ein Unternehmen – sofern es nicht nur Waren oder Dienstleistungen verkauft, die man üblicherweise in Jahrzehnten nur einmal in Anspruch nimmt wie den Bau eines Geschäftshochhauses oder den Einbau einer Tresoranlage –, das im Laufe von drei Jahren einen Kundenumschlag von 50 Prozent aufweist, macht irgend etwas falsch. Es sollte schleunigst die Zweckmäßigkeit seiner Einrichtungen und Vorgehensweisen unter Sinn-Gesichtspunkten überprüfen: seine Kundenkartei und den Ablauf der letzten Lieferungen/Dienstleistungen, von den Telefonkontakten bis zur Rechnungserteilung und zum Mahnwesen.

Der Sinn jeglichen wirtschaftlichen Handelns ist Dienstleistung – die Zwecke haben sich diesem Sinn unterzuordnen.

Deshalb ist der Kunde noch längst nicht ‚König‘ und hat damit keinesfalls ‚immer recht‘. Der Kunde ist *Partner*, nicht mehr, aber auch nicht weniger. Er muß das Gefühl haben, daß man nicht um jeden Preis um ihn herumscharwenzelt und ihm nach dem Munde redet, denn durch nichts kann man so schnell den Verdacht erwecken, einem anderen schließlich doch das Fell über die Ohren zu ziehen, wie durch allzu große Beflissenheit. Der Sinn der Partnerschaft besteht doch nicht zuletzt darin, die üblichen Überlegenheits- oder Unterlegenheitsgefühle durch eben diese Partnerschaft auszuschalten und damit die unausgewogenen Situationen oft innewohnende Sinnlosigkeit für den Schwächeren zu beseitigen.

Dienstleistung als SINN und adäquate ZWECKmäßigkeit aller Maßnahmen sollten stets klar erkennbar sein.

Der Zweck heiligt also nicht die Mittel, wohl aber rechtfertigt der Sinn den Zweck, sofern der Sinn selbst zu rechtfertigen ist.

Auf der Grundlage dieser Vorüberlegungen im Sinne eines Sinn-Zweck-Denkens sollen nun die unterschiedlichen, aber aufeinander aufbauenden Denkansätze in der Unternehmens-Leitung entwickelt werden.

3. Über das strategische Denken

Strategie – als terminologische Anleihe aus dem militärischen Wortschatz – ist das Denken und Handeln auf höchster Ebene. Stratege ist der ‚Feldherr'. Von seinen ihm nachgeordneten Unterführern wird taktisches Denken und Handeln verlangt. Unser heutiger Sprachgebrauch, der zu vielfachen Überzeichnungen neigt – Problemlösungen vom Straßenverkehr bis zu Schwierigkeiten in der Schule und mit der Schule erfahren eine ‚Therapie', ein Unternehmensstil bläht sich auf zur ‚Kultur' –, läßt auch schon recht harmlosen Vorgehensweisen das Prädikat ‚Strategien' zukommen. Demgegenüber bemühen wir uns im folgenden, eine notwendige klare Begrifflichkeit – die erste Stufe des Erkennens von Zusammenhängen –, an den Kriterien des Sinnkonformen/Sinnwidrigen zu messen, dem grundlegenden Prinzip des hier praktizierten Systemdenkens.

Strategie: die Sinn-Konzeption langer Reichweite – Dienstleistung als Unternehmens-Sinn

Strategisches Denken in der Unternehmens-*Leitung* ist sinn-orientiertes Denken. Der Sinn des Unternehmens besteht in der DIENSTLEISTUNG, die das Unternehmen gegenüber dem übergeordneten System ‚Gesellschaft' oder ‚Wirtschaft' erbringt.

Strategisches Denken richtet sich also auf diese *Sinn- und damit auf die Außen*beziehungen des Unternehmens und hat das Verhältnis System (= Unternehmen) zur Umwelt (= Markt o. ä.) im Blickfeld. Dabei ist es Aufgabe des strategischen Denkens, die Steuerung des Unternehmens (wie in Abbildung 1, Seite 16) im Sinne adäquater *Angebote an den Markt* und einer angemessenen *Honorierung* zu gewährleisten.

‚Ort' des strategischen Denkens ist also die Unternehmensspitze – in der hier vertretenen Terminologie: die Unternehmens-*Leitung*.

Ihr obliegt das Definieren des jeweiligen Unternehmens-Sinns als *konkrete* Beschreibung der Dienstleistung, die das Unternehmen – und *wem gegenüber* – erbringen will: etwa die Herstellung von Kunststoffformteilen für die Automobilindustrie als Zulieferer-Dienstleistung oder die spezialisierte Vermittlung von Versicherungen aller Art für die freien Berufe als Vermittler-Dienstleistung und anderes mehr.

Der Adressat ist elementarer Bestandteil dieser Definition, denn die jeweilige Dienstleistung hat sich an *dessen Bedürfnissen* zu orientieren und nicht an dem, was man selbst gerne anbieten möchte.

Aufgabe der Strategie ist es also zunächst, Inhalte und Adressaten der Dienstleistung zu benennen.

Weiterhin gehört die *Festlegung der allgemeinen Unternehmenspolitik* zum Aufgabenbereich der Unternehmens-Leitung: Festlegung im Sinne einer Beschreibung von Rahmenanweisungen in programmatischer wie operativer Hinsicht, womit zugleich bestimmte Ziele und praktische Vorgehensweisen gekennzeichnet werden – nicht zuletzt aber auch der STIL des Unternehmens, der das Handeln des Unternehmens nach innen wie außen prägt. Für diesen Aspekt hat sich in den letzten Jahren der Begriff Unternehmens-Kultur eingebürgert. Die Entscheidung also für eine solche stilprägende Verhaltensweise ist eine strategische Entscheidung. Danach gehört es zu den vornehmsten Inhalten einer Unternehmensstrategie, anhand einer offiziell in Kraft gesetzten Unternehmens-VERFASSUNG die ethischen und moralischen Grundsätze zu formulieren, denen sich das Unternehmen gegenüber seinen Mitarbeitern wie gegenüber jeglicher Umwelt verpflichtet fühlt; ferner durch LEITSÄTZE für das aufgabenbezogene Handeln deutlich zu machen, unter welchen rechtlichen, ökonomischen und sachlich-fachlichen Gegebenheiten die betrieblichen Abläufe zu strukturieren sind. Darüber hinaus können dann noch durch eine spezielle FÜHRUNGSORDNUNG[20] alle mit Führungsaufgaben Betrauten auf bestimmte Einstellungen und Verhaltensweisen verpflichtet werden.

Daß keine dieser Verlautbarungen wie die Gesetzestafel Moses' von den Höhen des Sinai zu holen und einer andächtig lauschenden Belegschaft zu verkünden sind, ist in Zeiten partnerschaftlicher Arbeitsbeziehungen selbstverständlich. Jede dieser Deklarationen sollte vielmehr den Charakter einer *Selbstverpflichtung* haben, die von besonderen Arbeitsgruppen unter Beteiligung von Angehörigen aller Unternehmensbereiche konzipiert und formuliert worden ist. Ihre eigentliche Bedeutung gewinnen aber diese Verlautbarungen nicht durch ihre oft kostspielige Aufmachung, sondern durch ihre *Einklagbarkeit*, um die es jedoch noch immer schwach bestellt ist.

Erst wenn ein Verstoß von Vorgesetzten wie Untergebenen gegen diese *von allen beschlossene* und von der Unternehmensleitung *verkündete* Unternehmenskultur die Betreffenden aus den Unternehmen fegen könnte, würde das eintreten, was sich mancher von der neuen weichen Welle in der Wirtschaftslandschaft erhoffte: eine ‚Kulturrevolution' und damit den Aufbruch der Unternehmen zu einem neuen Selbstverständnis: das Unternehmen nicht nur als Arbeits-, sondern auch als Lebensgemeinschaft. Und gerade das wäre eine strategische Unternehmensentscheidung erster Ordnung.

Strategie: Planung in Alternativen und Zeitstrukturen

Ausgehend von einem ganzheitlichen Unternehmenskonzept, das in der Unternehmensspitze Führung und Leitung – wenn auch mit unterschiedlichen Schwerpunkten – integriert, ergibt es sich zwangsläufig, daß es Sache der strategischen Leitung ist, den nachgeordneten (taktischen) Bereichen ihre Teilaufgaben zuzuweisen und, so weit erforderlich, innerhalb dieser Zuweisungen auch von Situation zu Situation sinnvolle Teilziele aufzuzeigen.

Damit ist klar gesagt, daß strategische Vorausschau und Planung zentrale Aufgabe der Unternehmensspitze ist. In der militärischen Truppenführer- wie Generalstabsausbildung hat das Stichwort „vorausschauende Maßnahmen" stets einen besonderen Schwerpunkt dargestellt. Aber auch in den Unternehmen der Wirtschaft sollte man sich nicht nur praktisch, sondern auch aus- und fortbildungsmäßig mit dem heiklen Umgang mit der Zukunft befassen. In dem hier zu erörternden Zusammenhang unserer vorwiegend auf das *Denken* in den Unternehmen gerichteten Thematik sind dabei vor allem zwei Gesichtspunkte von Bedeutung.
– Zukunft als Alternativen-Planung und
– Planung als zeitliches Vorstrukturieren.

Zukunft als Alternativen-Planung

Nach uralter menschlicher Erfahrung hat ‚Zukunft' immer etwas Undurchschaubares, Unvorhersehbares und dadurch Beängstigendes. Menschen aller Zeiten und Völker haben deshalb versucht, den daraus entstehenden psychologischen Druck abzubauen und dem Schicksal vor allem mit magischen Mitteln in die Karten zu gucken: Orakel, Eingeweideschau oder Vogelflug waren die in unseren Breiten bekanntesten Praktiken der Vorzeit, und es gibt, aller Aufklärung zum Trotz, noch heute (oder heute schon wieder) Unternehmen, die sich wie im Alten China oder Ägypten oder zu Zeiten Wallensteins Horoskope stellen lassen, um dadurch die Chancen ihrer geschäftlichen Entschlüsse zu verbessern. Aber auch ohne astrologischen Hokuspokus hat der Glaube an Kräfte außerhalb unserer Schulweisheit nichts an Überzeugungskraft eingebüßt. Der Hinweis auf die ewig ungebrochene Attraktivität des Irrationalen führt uns dabei auch nicht weiter, weil magisches Denken – und mit magischem Analogiezauber hat man ja über die Jahrtausende vor allem die Zukunft zu bannen versucht – keineswegs irrational ist, sondern sehr rational lediglich mit rational nicht erklärbaren Kräften hantierte, deren Wirksamkeit, wie man behauptet, sich ,sehr wohl' an ihren scheinbaren Ergebnissen ablesen ließ.

Je mehr man durch magische Handlungen auf diese Zukunft Einfluß zu nehmen glaubte, um so mehr verlor diese Zukunft den Schrecken ihrer Undurchschaubarkeit. Mit anderen Worten: man glaubte an die Mittel der Magie und wurde *durch diesen Glauben* – nicht durch die tatsächlichen Wirkungen der Magie – „*angstfreier*".

Ein ähnliches Phänomen der vertauschten Ursachen konnten wir schon einmal beim Problem der Rationalisierungen beobachten (siehe Zusammenfassung, Seite 94). Psychologisch sei in diesem Zusammenhang an den sogenannten „100"jährigen Bauernkalender erinnert, der zwar nur auf einer Wetterbeobachtung von sechs Jahren beruht, die ein Pastor Anfang des 18. Jahrhunderts vorgenommen hat. Die Übereinstimung mit den tatsächlichen Wetterabläufen liegt dabei völlig im Bereich des statistisch Zufälligen. Da sich aber derjenige Teil des Publikums, der sich offenbar auch sonst nicht sonderlich durch wissenschaftliche Meinungen beeindrucken läßt, vor allem an die *eingetretenen* Witterungsübereinstimmungen erinnert, während die nicht eingetretenen verdrängt werden, weil sie ohnehin nicht den Erwartungen entsprechen, gehört auch dieser Kalender mehr zu den magischen Mitteln einer Zukunftsschau.

Vom magischen Planen bis zum wahnhaften Planen einer Planungsideologie und Planwirtschaft mit ideologischer Besessenheit wie im Sozialismus konnte es nur auf der Grundlage eines jahrtausendelangen christlichen Heils-Plan-Denkens kommen, und auch der Hegelsche Weltgeist, der dann Karl Marx annehmen ließ, daß Geschichte einer wissenschaftlich bestimmbaren Vernunft folge und sozusagen ‚planmäßig' verlaufe, konnte auf dieser tiefverwurzelten Denkweise aufbauen. Wenn es also einen solchen ‚sinn'-vollen Verlauf gab, ja geben mußte, dann hatte die Zukunft auch unter diesem Aspekt viel von ihren Schrecken verloren, so schrecklich im einzelnen auch der Weg in diese Zukunft noch immer sein mochte.

Auch wir versuchen, auf unsere Zukunft durch Handlungen Einfluß zu nehmen und die Undurchdringlichkeit des Zukünftigen für uns durchschaubarer zu machen; aber dabei lesen wir nichts aus magischen Anzeichen über dieser Zukunft heraus, sondern wir sehen durch eigene Handlungen etwas in sie hinein…, und das nennen wir Planung.

Planung gilt im allgemeinen zwar als ein Vorausstrukturieren eines Zeitablaufes, konkret handelt es sich dabei aber um ein Vorausplanen möglicher Ereignisse. Wer plant, macht Zukunft für sich handhabbar, baut damit Unsicherheit und psychologischen Druck ab. Durch Umdenken des Möglichen in das (zunächst zwar nur *vor*genommene, praktisch aber bereits als real *an*genommene) Wirkliche wird Planung zur Entmystifizierung. Wer Zukunft verplant, hat sie sozusagen bereits ‚in der Tasche'. Damit verleiht Planung als vorweggenommene Zukunft eine Art autosuggestive Sicherheit. Tatsächlich jedoch ist die Planung nur so viel wert, wie die geplanten Ereignisse und die dabei in Be-Rechnung gestellten Rahmenbedingungen Aussicht auf Verwirklichung haben; Planung an sich besagt noch gar nichts. Wir haben es also wieder einmal mit dem Phänomen der ausgewechselten Ursachen zu tun. Wer Zukunft weniger durch-schaubarer als an-schaulicher und durch Planung sicherer machen will, muß das Eintreten der erwünschten Ereignisse wahrscheinlicher machen. Konkret heißt das: er muß (in) Alternativen planen. Er muß der Zukunft die Chance einer – wenn auch begrenzten – Vielfalt von möglichen Ereignissen geben. Wer drei Alternativen plant, hat mehr Aussicht darauf, daß wenigstens eine zur Durchführung gelangt, als jemand, der sich auf nur eine einzige kapriziert hat.

Lassen wir einmal offen, wieviel noch von einer schicksalhaften Planhaftigkeit in unserem Denken herumgeistert. Notwendig ist auf alle Fälle eine *Vorbereitung* auf und ein *Bereitsein* gegenüber künftigen Ereignissen ohne alle Plan-Gläubigkeit.

112

Bereitsein ist alles. Wir können niemals ‚Zukunft‘ planen, sondern immer nur unser eigenes Verhalten in ganz bestimmten, von uns erwünschten oder befürchteten Situationen. Planung reduziert weder die Ungewißheiten der Zukunft noch ihre Risiken. Das Ungewisse ist auch keinesfalls nur mit dem Zukunftsdenken verbunden, sondern kann buchstäblich ‚jeden Augenblick‘ eintreten, denn in jedem Augenblick gerinnt ein Stückchen Zukunft zu Vergangenheit Dementsprechend sollte Planung vor allem Handlungs*alternativen* für mögliche Situationen zur Disposition stellen. In diesem Zusammenhang möchte ich noch einmal auf das bereits erwähnte Gespräch mit dem Sony-Manager zurückkommen. Er hatte dabei auch gesagt: „Wir bereiten uns nicht auf ‚die Zukunft‘ vor, auf irgendwelche Zeitabschnitte, sondern wir stellen uns auf mögliche Ereignisse ein – *ganz gleich*, wann sie eintreten werden; aber nach Möglichkeit bestimmen wir diesen Zeitpunkt selbst."

Natürlich hat jedes menschliche Handeln eine Zeitkoordinate, wie Menschen auch immer in einem dreidimensionalen Raum handeln werden. Nichtsdestoweniger müssen wir davon ausgehen, nur *alternative Ereignisse* planen zu können und diese auch planen zu müssen. Dabei sollten diese so weit wie möglich *nicht an (allzueng) festgelegte Zeitpunkte gebunden sein*, sondern sich ihrerseits wieder an anderen möglichen Ereignissen orientieren zu können. Wer in der Lage ist, den Zeitpunkt solcher Ereignisse selbst zu bestimmen, wer agieren kann und nicht reagieren muß, ist natürlich im Vorteil.

Mit jeder Planung ist eingestandenermaßen auch die Hoffnung auf Risiko-Minderung verbunden. Aber es ist mindestens ebenso realistisch, wenn man dem Faktor Risiko nicht nur die Bedeutung von Gefahr, sondern auch von Chance beilegt. Dabei sind es erfahrungsgemäß sogar die auf den ersten Blick besonders riskanten Unternehmungen, die auf längere Sicht die größeren Chancen beinhalten. („Wer *wagt*, gewinnt!") Ganz so abwegig ist dieser Gedanke offenbar nicht, denn ob man die Entdeckung von Amerika nun prinzipiell für einen Glücksfall der Geschichte ansehen will oder nicht: für die goldgierigen Spanier war es bei allen Risiken, die der Genuese Columbus auf sich nehmen mußte, auf jeden Fall ein Glücksfall. Ob Otto Hahn und Lise Meitner ganz sicher sein konnten, daß ihnen ihre Laboreinrichtung nicht um die Ohren flog? Und die Chancen der Raumfahrt können wir bis heute noch nicht ausloten, obwohl uns immer neue Risiken bekannt werden. Aber die Risiken brauchen nicht immer technischer oder materieller Art zu sein: auch im Politischen liegen gerade dort, wo die Risiken am größten erscheinen, vermutlich auch die größten Chancen (Sozialreform, Gesundheitsreform, Steuerreform, Reform der Tarifpolitik u. a.). Es sieht geradezu so aus, als brauche man bloß danach zu fragen, wo denn die größten Risiken liegen, um sogleich auch die für die Zukunft wichtigsten Felder notwendiger und aussichtsreicher Weiterentwicklungen zu erkennen (siehe ideologische Veränderungen im Ostblock). Strategie mit der Verpflichtung zu grundsätzlicher Risikominderung ist zumindest kein unbedingt zeitkonformes Prinzip mehr. Einen Gorbatschow hätte es dann nicht gegeben, dessen größte Chancen in der äußerst riskanten Abkehr von den orthodoxen marxistischen Wirtschaftsvorstellungen liegen und in der Reduzierung der immensen sowjetischen Verteidigungslasten. Und gerade darin sehen seine Freunde für ihn und seine Feinde für sich die größten Risiken. Und was wäre schließlich für jede Regierung riskanter (und für die Weiterentwicklung der Gesellschaft in Richtung Demokratisierung aussichtsreicher), als ihren Pfründnern ihre Pfründe wieder zu nehmen und Staatsdiener wieder aufs Dienen zu verweisen?

Auch in der Wirtschaft zeigt der zunehmende Umgang mit Joint-Venture-Kapital, daß ein verändertes Risikodenken ‚unterwegs‘ ist.

Zurück zur Planung: Für das Denken der Unternehmens-Leitung und nur in begrenzter Hinsicht auch als Richtschnur für das taktische Denken (siehe Abschnitt II. 4) findet strategische Planung nicht nur unter dem Gesichtspunkt der Risiko-Minderung statt, sondern gerade auch als Chancenplanung bei zwar einkalkuliertem, aber dabei immer *noch weitgehend offenem Risiko.*

Planung als zeitliches Vorstrukturieren

Da kaum ein Strategie-Wissenschaftler bisher darauf verzichtet hat, sich auf die militärischen Leitbilder seiner Gedankenwelt und Terminologie zu beziehen, von den Chinesen bis zu Napoleon und von Hannibal bis zum alten Moltke, sei an die letzteren erinnert, der schon vor über hundert Jahren einen Befehl ergehen ließ, den Offizieren lediglich vorzuschreiben, was man von ihnen erwarte, ihnen jedoch die Ausführung gefälligst selbst zu überlassen. Einen Regimentskommandeur hat einmal ein hoher Truppenführer angefahren: „Herr, Sie sind Stabsoffizier! Sie müssen selbst wissen, wann Sie *nicht* zu gehorchen haben!" Es ist ein Märchen, daß zumindest im Offizierskorps ‚Kadavergehorsam' zum Prinzip gehört habe, aber leider ist es andererseits auch *kein* Märchen, daß es dort ‚Kadaver' anstelle von selbstverantwortlich handelnden Offizieren gegeben hat. Wir sollten jedoch auch einmal unser wirtschaftliches ‚Offizierskorps', das Mittlere und Obere Management, dahingehend überprüfen, in welchem Maße aufgabenbezogene Selbstverantwortlichkeit selbstverständlich ist, ‚Ehrensache' sozusagen.

Die strategische Planung der Unternehmensspitze muß darauf bedacht sein, durch Planungsvorgaben nicht allzu sehr in die Verantwortlichkeit der Subsysteme, also der nachgeordneten Unternehmensbereiche, einzugreifen. Anfangs hatten wir gesagt, daß Dienstleistung und Adressaten des Unternehmens so umfassend wie möglich zu definieren seien. Die Entwicklung im Unternehmen muß ungehindert und vielfältig vor sich gehen können, ohne daß immer wieder konzeptionelle Nachjustierungen erforderlich werden.

Haben die nachgeordneten Unternehmensbereiche jedoch ihre Aufgaben einmal zugewiesen bekommen, so sollten sich die ‚operativen Hinweise' lediglich auf bestimmte Teilziele erstrecken, mit denen die Durchführung durch die Subsysteme vorstrukturiert wird. Dabei wäre wiederum eine klare Trennung zwischen *Aufgaben*-Zuweisung und *Ziel*-Zuweisung zu machen: Aufgaben sind weitgehend konstante Verantwortungsbereiche wie Marketing, Produktion, Vertrieb, Verwaltung und anderes mehr, während Ziele Teilstationen der strategischen Planung markieren, die von den einzelnen Subsystemen zu erreichen sind. Dabei ist an den Befehl Moltkes zu erinnern, nach dem sich die Zuweisungen auf die Ziele und nicht auf die Wege zu erstrecken haben.

Aus dem Gesagten ergibt sich zweierlei: Einmal verstehen wir unter *operativem* Handeln grundsätzlich nur das Handeln aus strategischem Planungsdenken, wie sich auch nur in den höchsten militärischen Kommandostellen (etwa ab Armee aufwärts) Operationsabteilungen finden lassen.

Bezüglich der Mittelplanung haben die mit der Durchführung Beauftragten Vorschläge für die einzuschlagenden Wege und Methoden zu machen, damit danach die Mittelplanung von Auftraggeber (Unternehmens-spitze) und Auftragnehmer (Nachgeordnete) *gemeinsam* vorgenommen und untereinander abgestimmt werden kann.

Das Primat der Zielbestimmung bleibt uneingeschränkt Sache der Stra-gie, während das Primat der Wege und Methodenbestimmung bei den nachgeordneten Aufgabenbereichen liegen muß.

Das ist nicht nur eine Frage der Führung und somit der Motivation, son-dern auch der praktischen Erfahrung, die hinsichtlich der Wege und Me-thoden zweifellos bei den nachgeordneten Stellen größer ist als bei der strategischen Leitung.

Verkennt die Unternehmensstrategie ihre eigentliche Aufgabe und geht sie in der Vorstrukturierung der Aufgabendurchführung zu weit, so greift sie damit auch tief in das Selbstverständnis des jeweils beauftragten Sub-systems ein und untergräbt die dort herauszufordernde Verantwortung. Dies bindet wesentliche Energien und lähmt die Eigeninitiative. Wir hat-ten zuvor die Rolle von Subsystemen dahingehend definiert, daß auch je-ne offene Systeme darstellen mit einem eigenen Verweisungshorizont ih-res Sinn-Verständnisses. Das heißt, daß auch sie eine Dienstleistungsver-pflichtung (entsprechend der Aufgabenzuweisung durch die Unterneh-mens-Leitung) wahrnehmen, auf die sich ihr Selbstverständnis gründet und die sie *zur Eigenverantwortung herausfordert,* der wichtigsten Quel-le ihrer Motivation. Unterminierung von Verantwortlichkeit ist jedoch ei-ner der schlimmsten Führungs- wie Leitungsfehler auf allen Ebenen der Unternehmenshierarchie. Planung als Aufgaben-Vorausstrukturierung hat also ihre definitiven Grenzen.

Was ist ein Stratege?

Nach seiner Erfolgsformel gefragt, hat der Präsident einer Großbank ge-antwortet, er habe wohl immer etwas mehr als die anderen gearbeitet. Aber – so fragen wir – machen ,Überstunden' den Strategen aus? In der io Managementzeitschrift/Zürich überlegen Hinterhuber und Popp, was den Strategen kennzeichne: „Strategie ist, um mit Moltke zu spre-chen, die Anwendung des gesunden Menschenverstandes – und das läßt sich nicht lehren. Die Strategie ist untrennbar mit der Persönlichkeit und dem Wesenskern des Führenden verbunden."

In diesem Zusammenhang zählen die genannten Autoren 10 ‚Thesen‘ auf, mit denen sie versuchen, dem Phänomen des Strategen näherzukommen. Bis auf eine sind alle dieser Thesen erschütternd banal und gehen völlig am Thema vorbei. Sie machen eher deutlich – wenn eine Verallgemeinerung überhaupt ratsam erscheint –, daß es offenbar kaum möglich ist, das Strategische im Denken eines Menschen zu beschreiben, denn was heißt das schon, wenn man in Strategie „die Art der persönlichen und sachlichen Problemlösungen" sehen will oder von ihr verlangt: „den Zweck des Unternehmens in einem Leitsatz ausdrücken" – „die Wettbewerbsvorteile der einzelnen Geschäftsbereiche zu benennen" – „den Mitarbeitern Handlungsspielräume zuzugestehen" – „Unternehmenskultur und Strategie in Einklang zu bringen" – „eine wirksame Organisation zur Durchsetzung der Strategie aufzubauen" – „mehr zu sein als zu können" oder gar „das Glück anziehen zu können"... Was um Moltkes willen kennzeichnet denn *davon* den Strategen!?

Die letzte dieser Thesen (in der Reihenfolge der Autoren die erste) lautet, „eine unternehmerische Vision zu haben und diese in einem oder wenigen Sätzen ausdrücken zu können". Aber nicht einmal das sollten wir ohne eine genaue Definition des Begriffes ‚Vision‘ gelten lassen, denn wären *das* etwa keine Visionen: DIE GRÖSSTE SCHUHFABRIK ALLER ZEITEN! – EIN MEKKA DER GASTRONOMIE! – ALLE MITARBEITER MITEIGENTÜMER! Aber was hätten solche und ähnliche Visionen mit strategischen Erwägungen zu tun?

Ist strategisches Denken nicht viel mehr die Fähigkeit, vorausschauend und weiträumig konkrete Unternehmensziele zu erkennen, weiträumig in ihren Zusammenhängen zu erfassen und durch einfallsreiche Maßnahmen (Operationen) ökonomisch ein Konzept zu ihrer Verwirklichung zu entwickeln?

Der Stratege ist nicht der begeisternde Führer, sondern der kühle Denker, er ist nicht der Blücher, sondern der Gneisenau, nicht der Hindenburg, sondern der Ludendorff. Der Feldmarschall v. Blücher hat Rolle und Bedeutung des Strategen am eindrucksvollsten dargestellt, als er einmal in einer Offiziersrunde fragte, wer von den Anwesenden wohl seinen eigenen Kopf küssen könne. Als ihn alle verdutzt anstarrten, ging Blücher auf seinen Stabschef, den General v. Gneisenau, zu und küßte ihn auf die Stirn...

Wandel im strategischen Denken:
Vom innengeleiteten zum außengeleiteten, vom produktorientierten zum kunden-orientierten Denken

Abschließend noch eine kurze Zusammenfassung von Ansätzen und Wandlungen des strategischen Denkens, wobei wir im Hinblick auf eine weiterführende Darstellung auf die genannten Autoren[21] selbst verweisen möchten.

Nach Krulis-Randa befaßt sich „Strategie mit der Stellung der Unternehmen in ihrer Umwelt und mit den wechselwirkenden Beziehungen zwischen der Organisation und den externen Systemen bzw. dem übergeordneten System... als Kern des Strategieverständnisses in der Betriebswirtschaftslehre." Aber „strategisches Denken allein genügt nicht... wichtiger ist das Verhalten, welches die Denkweise auch durchzusetzen vermag." Ein amerkanischer Autor, Kotler[22], hat die Einbußen der US-Industrie gegenüber den Japanern damit erklärt, daß die Amerikaner wohl strategisch zu denken vermögen, ihr Handeln aber dem widerspräche. Auch in deutschen Unternehmen ist dieses Denken nicht ganz unbekannt und dort vor allem auf das Denken in Unternehmenshierarchien zurückzuführen: „Ich denke (wie mein Chef), also bin ich."

Vom traditionellen Denken in Engpaßfunktionen (mit dem bekannten Primat mal der Finanzen, mal der Produktion oder des Verkaufs) erfolgte ein Übergang zum Optimierungsdenken des ‚Operations Research‘, bei dem die bis auf den heutigen Tag auf den Hochschulen wie in der Wirtschaft verbreitete Methodengläubigkeit mit Problemlösungen gleichgesetzt wird. Die Methode ist dabei wichtiger als die Zielsetzung. Dieser Wahnhaftigkeit lag und liegt einmal die Faszination des ‚Von-weit-her‘-Gekommenen zugrunde, denn dieser neue Glaube kam in der Tat von weit her über den großen Teich, zum anderen verwies die Wirtschaftssituation des Wiederaufbaus nach dem Kriege die Unternehmen darauf, sich zunächst auf ihre systemische Binnensituation zu konzentrieren. Von einem „introvertierten Mangement" zu sprechen (Krulis-Randa), wäre aber wohl eine allzu willkürliche Begriffstransformation.
Das neue „strategische Denken" bedeutete dann zunächst ein Umdenken, eine „Positionierung nach außen", womit man vor allem die eigene und die Markt-Situation mit den Augen der Kunden sehen wollte. „Die be-

trieblichen Instrumente zur Steigerung der Leistungsfähigkeit der betrieblichen Operationen" (im Sinne des Optimierungsdenken) glaubte man jetzt – strategisch – mehr „zur Steigerung der effizienten Position des Unternehmens in seiner Umwelt" einsetzen zu müssen.

Das kunden-orientierte Denken des „Marketing Management Concept" (MMC) – *die unseres Erachtens einzige marktgerechte Form eines strategischen Handlungsansatzes* – hat aber bestimmte Theoretiker offenbar nicht überzeugt, und man konzipierte nun eine „Wende des strategischen Denkens", indem man MMC nur noch dann praktizierte, wenn das eigene Angebot von der Konkurrenz nicht angreifbar war. Dazu entwickelte sich eine Art ‚Konkurrenztheorie", nach der man nicht mehr „auf den eigenen Stärken bauen" sollte (wie es das klassische Grundprinzip der Strategie vorschreibt), sondern „auf den Schwächen der Konkurrenz, auf denen eigene Stärken aufgebaut werden können".

Die Unternehmensstrategie, die selbst vielfach militärische Anleihen aufgenommen hatte, meinte hiermit einen eigenen „Beitrag an die Strategie des Kalten Krieges" liefern zu können, und zwar mit der „sogenannten Dynamik eines endlosen Wettbewerbs" (Ackoff) – sprich: mit der Strategie des Totrüstens: Diese Strategie „ist endlos, und deswegen führt sie zu keiner Lösung. Betriebswirtschaftlich ist sie sinnlos, weil die Kosten steigen und der Nutzen unverändert bleibt... Im militärischen Bereich liegt der Sinn der Situation gerade in der Erhaltung der Pattsituation" (Ackoff). Da sich die Ziele des Krieges, wie es heißt, substantiell immerhin noch von den Zielen des wirtschaftlichen Wettbewerbs unterscheiden (wirtschaftliche Vernichtung heißt schließlich noch nicht ganz tot), „mußte eine neue Wettbewerbsstrategie erfunden werden", und zwar in Form einer „Planung der Eigenart gegenüber der Konkurrenz": Opponent X richtet sein grundsätzliches Verhalten nach den Schwächen von Y ein und vervollkommnet selbst seine eigenen Stärken planmäßig. Y muß schließlich nachziehen. „Beide Opponenten entfernen sich voneinander durch die Weiterentwicklung der Eigenart, *die der Opponent nicht besitzt.*"

Die Vorteile, wie sie die Erfinder dieser Methode sehen:
Jeder agiert auf seinem eigenen Markt – es gibt „keinen mörderischen Endkampf um dieselbe Zielgruppe, Ressourcen werden gschont, und „durch die zunehmende Pluralität des unterschiedlichen Angebotes"

wird die „Befriedigung der individuellen Wünsche des Nachfragenden gefördert."

Selbst auf den Vorwurf hin, das ganze Prinzip nicht begriffen zu haben, erscheint uns diese ‚neue Wende' eigentlich eher die Hinwendung zu dem alten und viel gescholtenen Prinzip der Marktabsprache zu sein. Warum dann nicht gleich Kartelle? Warum erst einen so langen und wieder ressourcen-verzehrenden wechselseitigen Prozeß der ‚Umorientierung'?

Als militärisches Beispiel dieses Denkens wird SDI angeführt. SDI ziele nicht mehr auf die Vernichtung des Gegners ab (siehe oben: „kein mörderischer Endkampf um dieselbe Zielgruppe"), sondern diene ausschließlich der Verteidigung („jeder agiert auf seinem eigenen Markt") und entspreche als Defensivstrategie somit einer Politik („durch zunehmende Pluralität die individuellen Wünsche befriedigen", sprich:), die individuelle Freiheit zu *wahren*; weiter helfe diese Politik, die Menschenrechte zu *garantieren* und die pluralistische Gesellschaft in einem demokratischen System zu *wahren*, obwohl die Gegenseite am Ziel der Weltrevolution festhalte. Hatte Gromyko doch auf die Frage Präsident Reagans, ob die UdSSR weiterhin an diesem Ziel festhalte, seinerzeit geantwortet: „Sie und Ihr Volk haben nichts zu befürchten, denn wir sind Realisten." Damit wurde – wie Krulis-Randa schreibt – „die bekannte Grundhaltung erneut bestätigt." So kann man's natürlich auch sehen.

Wie stellt doch W. Staehle in seinem Aufsatz über „Unternehmensstrategie und neue Moral" so treffend fest: „Was eine Chance und was ein Risiko ist, was eine Stärke und was eine Schwäche ist, ergibt sich nicht aus ‚objektiven' Faktenanalysen, sondern ist das Ergebnis subjektiver Wahrnehmung." Dieser Wahrnehmung hatten wir Teil I gewidmet.

Strategie und Taktik: Vorausschau und Vernetzung des Denkens

Als Abschluß unserer Überlegungen zur ‚Strategie' und zugleich als Überleitung zum Stichwort ‚Taktik' soll einmal anhand einiger Beispiele und Erfahrungsgrundsätze der Unterschied zwischen beiden herausgearbeitet werden. Dabei geht es weniger um einen Unterschied im Räumlichen oder Regionalen – der von der Strategie einbezogene Raum fällt meist mit dem von allen taktischen Aktionen in Anspruch genommenen zusammen –, und zeitlich liegt es nun einmal in der Logik der Abläufe, daß die strategischen Entscheidungen den taktischen vorausgehen müssen. Der entscheidende Unterschied ist vielmehr ein dimensionales Problem des vorausschauenden und vernetzten Denkens.

Einen Welt-Krieg auf dem Felde der Wirtschaft zu entfesseln – wie er seit Jahren bereits durch die Japaner geführt wird –, ist Wirtschafts-*Politik*. Den Sieg mit den Waffen der Elektronik zu suchen, zu einem bestimmten Zeitpunkt und erst auf dem Schlachtfeld USA und dann in Europa, ist eine *strategische* Entscheidung. Den Feldzug mit der „ganz friedlichen und unspektakulären" Besetzung eines Brückenkopfes, nämlich der Marktlücke „kleine tragbare Fernsehgeräte", zu beginnen und von dort aus den „Großangriff aus den Milliardenmarkt der Farbfernseher mit Standardbildschirmen" vorzutragen (DER SPIEGEL), das ist *Taktik*.

Strategie beschreibt das WAS, das WO und das WANN. Aufgabe der Taktik ist das WIE, und über Aufwand und Kosten, die MITTEL, müssen sich Strategen und Taktiker miteinander verständigen.

Auch der Trick, zunächst unauffällig die amerikanischen Lagerhäuser vollzustopfen und erst dann den Markt zu überschwemmen, wenn bereits so viel Ware im Lande ist, daß Schutzzölle nichts mehr ausrichten, gehört zur Taktik.

Die Strategen wiederum entscheiden über das weitere Verhalten *nach* Erreichen der Haupt-Angriffsziele: so über das Aufkaufen der angeschlagenen Konkurrenzfirmen durch die siegreichen, nunmehr dollarschweren Eindringlinge bei permanenter Abschottung des heimischen Marktes sowie die Zuweisung des nächsten Hauptangriffszieles: die Banken.

Anbieten zu Dumpingpreisen, also Verkaufen unter den Selbstkosten, um erst einmal einen Fuß zwischen die Tür zu einem neuen Markt zu bekommen, ist wiederum Taktik. Dieses Prinzip der begrenzten Selbstaufopferung lag bereits der japanischen Erfindung der Kamikaze-Flugzeuge im Zweiten Weltkrieg zugrunde, die – sich selbst aufopfernd – auf die feindlichen Kriegsschiffe stürzten.

121

Auch in der amerikanischen Filmindustrie herrscht seit etwa zwei Jahrzehnten ein völliges Strategie-Denken, dem alle anderen Überlegungen (Produktion, Film als Kunst usw.) nachgeordnet sind: ,Verkauft' wird nicht ein fertiger Film, sondern eine vage Film-Idee, die sich während der weiträumigen Verkaufsverhandlungen oft vielfältig wandelt. Das Hauptziel dieser Strategie ist die größte Zuschauerzahl oder die höchste Einschaltquote. Aus Sicht des von der Produktion her *Möglichen* wird dann aus Sicht des vom angestrebten Erfolg her *Wahrscheinlichen* der Stoff nach dem Trend des Marktes akzentuiert: Im Kalten Krieg machte man aus Unterweltlern kommunistische Spione; davor und auch heute noch ließen und lassen sich vor allem Nazis gut als Handlungsträger sadistischer Rollen verkaufen, und deutsche Schauspieler liehen diesen auch gern ihre original-deutschen Gesichter. Bei den gegenwärtigen Besetzungen stehen gut verkäufliche Serien-Helden vorn an, denn diese verlangen von den Zuschauern die geringsten Identifikationsanstrengungen. Das auf diese Weise kondensierte Markt-Konzept muß sich darüber hinaus auch noch in einen 30-Sekunden-Clip pressen lassen, denn für längere Eindrücke sollen in der Vorwerbung die heutigen Zuschauer nicht mehr aufnahmefähig und aufnahme*bereit* sein.

„Simplizität und Konsensfähigkeit" gelten als die besten Argumente. „Das Publikum, einst unkalkulierbarer Faktor im Filmgeschäft, wird" – durch Strategie – „zur berechenbaren Größe – es hat keine Wahl mehr" (FAZ).

Methodische Aspekte

Diesen Schulbeispielen von strategischen und taktischen Aktionen sei noch ein kurzer Methoden-Überblick angeschlossen, der die mitunter enorme Komplexität derartiger Maßnahmen deutlich macht, die nicht selten den Betreffenden – und erst recht den Betroffenen – verborgen bleibt.

Bekanntlich sagt man guten Schachspielern fälschlicherweise strategische, richtigerweise taktische Fähigkeiten nach, und Wirtschafts,strategen' wie Taktiker berufen sich unter Umständen gern auf ihre Stärke im Schachspiel. Dabei sind die Unterschiede zwischen Schach-Taktik und Markt-Taktik erheblich.

Das Feld des Schachspielers ist unveränderbar, es ist durch die Regeln vorgegeben. Dasselbe betrifft auch die Potenzen aller Spielfiguren: ein Bauer, ein Turm, die Dame usw., sie alle vermögen das Ihre nur im Rahmen unveränderlicher ‚Gesetze' (Regeln). Siege kommen ausschließlich durch Fehler zustande, die einer der Spieler gegenüber der besseren Lösung des anderen begeht. Wenn beide Spieler gleich gut sind, gibt es ein Remis.

Wer glaubte, seine politischen oder wirtschaftlichen Ambitionen vor allem auf seine Schacherfahrungen stützen zu können, würde böse enttäuscht werden: In der Realität gibt es *weder die absolute Identität der Kräfte* der sich im Schachspiel gegenüberstehenden Figuren *noch jene starre Regelhaftigkeit* des Spielablaufs, die – zumindest theoretisch – den Spielablauf vorausberechenbar werden lassen. Selbst die immer wieder überraschende Intuition, die manche Großmeister auszeichnet und es ihnen zu erlauben scheint, Schachcomputer zu überwinden, ändert an diesen Spielbedingungen nichts. (Auch diese ‚Intuitionen' werden nur nach geglückten registriert, während sich an die mißglückten nicht einmal die Großmeister selbst erinnern...) Der Reiz des Spieles beruht gerade darauf, daß die Spielabläufe von einem Menschen, und sei er noch so genial, immer nur in einem geringen Maße vorausberechnet werden können. Wenn Computerschachspiele erst einmal auf ultraschnellen Apparaturen gespielt werden, ist es mit dieser Spannung vorbei.

Nichtsdestoweniger gibt es aber auch für das reale strategische Denken (im Unterschied zum abstrakten taktischen Denken des Schachspielers, das durch gelernte Erfahrungen außerordentlich gefördert werden kann) ein paar *nützliche Erfahrungen,* die aber sofort fragwürdig werden, wenn man versuchte, daraus Regeln (‚Rezepte') abzuleiten. Die unberechenbare Vielfalt des Unvorhersehbaren auf dem ‚Spielfeld' Wirtschaft oder Politik erlaubt deren Anwendung nur als Möglichkeiten, mitunter vielleicht als Wahrscheinlichkeiten, aber nie als Regelhaftigkeiten:

ERFAHRUNG NR. 1: Auftretende Störfaktoren scheinbar ignorieren; ihre (mögliche) Bedeutung *durch Nichtbeachtung herunterspielen;* einen Gegner nicht dadurch ins Bewußtsein der anderen rücken und in seinem eigenen Selbstbewußtsein bestärken, indem man sich mit ihm auseinandergesetzt oder ihn gar angreift.

ERFAHRUNG NR. 2, die einzige, die geradezu als REGEL gelten kann: *Was du angreifst, machst du stärker* (chinesische Weisheit). Hinzuzusetzen wären noch ('2 a'): ...es sei denn, du bist so stark, daß es dir gelingt, den Konkurrenten ein für allemal auszuschalten. Praktisch gelingt so etwas nur äußerst selten, und wenn, dann weniger aufgrund der Stärke seiner Konkurrenten als infolge seiner eigenen Fehler.

ERFAHRUNG NR. 3 – nicht als Widerspruch, wohl aber als Alternative zu Nr. 1: *Widerstehe den Anfängen.* – Dies sollte jedoch nur unter Beachtung der Erfahrung Nr. 2 gelten, und falls Nr. 1 sich als wirkungslos erweist, dann: Störfaktoren eindämmen, abblocken und ohne Auseinandersetzung begrenzen.

ERFAHRUNG NR. 4: *Neue Positionen einnehmen,* die jene Störfaktoren in ihrer Bedeutung herabsetzen – neue Produkte auf den Markt bringen, die Konkurrenzprodukte überholt erscheinen lassen. Der Feind des Bestehenden ist das Neue: Gegen die Macht des Etablierten hilft nur die Innovation. Beständig ist nur der Wandel.

ERFAHRUNG NR. 5: Konkurrenten von ihren materiellen und ideellen Hilfsmitteln abschneiden und austrocknen, die Konkurrenten von Vertriebswegen und Ressourcen fernhalten, Know-how-Zugang verwehren und 'Proliferation' verhindern. Informationszugänge versperren. Achtung: Andere werden versuchen, zu Lieferanten der abgeschnittenen Abnehmer zu werden!

ERFAHRUNG NR. 6: Was man nicht überwinden kann, soll man integrieren, und zwar je nach eigener Stärke durch Aufkaufen – Fusionieren – Sich-Verbünden. Letzteres ist meist die beste Lösung. Sie schont Ressourcen und bringt mitunter unerwarteten Gewinn (siehe Teil IV).

ERFAHRUNG NR. 7: Der Starke ist am mächtigsten allein..., sagt Schiller. Aber niemand ist so stark, daß er mit anderen zusammen nicht noch stärker würde oder auf die Dauer allein bleiben kann (siehe Nr. 6).

Aber *auch* für den taktischen Bereich gibt es einige wenige Erfahrungen, deren Beachtung die Erfolgsaussichten verbessert, wenn auch nicht garantiert:

ERFAHRUNG NR. 1: Den Konkurrenten – wenn schon, dann – *an seiner schwächsten Stelle* treffen. Aber das reicht noch nicht: Ihn nur dann angreifen, wenn man selbst am Angriffsort wesentlich stärker ist als er. Auch an seiner schwächsten Stelle kann ein Angegriffener immer noch stärker sein als der Angreifer.

ERFAHRUHNG NR. 2: Den Konkurrenten *zu einem unerwarteten Zeitpunkt* angreifen, also ohne vorausgegangene Presseschlachten, die nur Gegenkräfte mobilisieren.

ERFAHRUNG NR. 3: Preiskämpfen und Verdrängungswettbewerb aus dem Wege gehen. Beides sind die teuersten und einfallslosesten Methoden; es sind ‚Abnutzungsschlachten', bei denen sich beide Seite abnutzen und Pyrrhussiege wahrscheinlich sind. Die Lösung heißt (siehe oben) Innovation!

Was kommt danach?

Ebenso wichtig wie die strategische Frage ‚Was will ich erreichen?' ist die dazugehörige Frage ‚Und was kommt danach?' Dabei sieht es so aus, als ob die meisten Strategen sich diese Frage gerade nicht stellen. Um die Vielfalt und Weite der möglichen Beispiele nur anzudeuten: Wer auch immer sich auf irgendeine Form von Subventionspolitik eingelassen hat – immer scheint er nur auf den Effekt von morgen, nicht aber auf die Wirkungen von übermorgen gesehen zu haben: EG-Landwirtschaftspolitik, Verbraucherpolitik im Ostblock. Die technische, insbesondere die finanzielle Entwicklungshilfe weltweit ist bis heute daran gescheitert und hat nur zu einer verheerenden Verschuldung in der Welt geführt; desgleichen sind die rüstungspolitischen Strukturen der großen Industrieländer so kurzsichtig konstruiert, daß sie eine flexible Friedenspolitik erheblich erschweren, wenn nicht gefährden. Die militärischen Unterhaltskosten und Übungsfolgen (Flurschäden, Unglücksfälle, Lärmbelastungen) sind zu einer täglich erlebbaren Bedrohung im Frieden geworden, die notwendige Weiterentwicklungen auf anderen Gebieten blockiert. Militärisch wurde immerhin die Frage nach dem ‚Was kommt danach?' schon dahingehend beantwortet, daß man den tausendfachen Overkill nun auf einen hundertfachen reduzieren will. Wie sagte doch Alfred Herrhausen: „Wirtschaft ist zu 50 Prozent Psychologie" – Militärpolitik nicht minder.

All dies macht deutlich, daß Strategiedenken vielfachen Irrationalismen ausgesetzt sein kann. Will es wirklich erfolgreich sein, muß es vor allem anderen das, was man für Realität hält, kritisch *auch* mit den Augen der anderen durchmustern – sehr weit vorausschauen, mit vielfältigen Vernetzungen rechnen und in Alternativen denken. Aus purer Not lernen wir heute, Kooperation der Konfrontation vorzuziehen.

Der Frage ‚Was wollen wir erreichen?' als Anfangsfrage des Strategie-denkens steht deshalb die Anschlußfrage ‚Was kommt danach?' ebenbür-tig zur Seite. Gegebenenfalls zwingt uns nämlich eine mögliche Antwort auf die letztere, die erstere erheblich zu verändern.

Strategie und Information

Informieren ist unter bestimmten Voraussetzungen ‚Dienstleistung', als solche sinnvoll und somit eine Sache der Strategie.

‚News' gibt es wie Sand am Meer.

Die meisten Public-Relations-Verlautbarungen und heute noch die Mehr-zahl der Werbeäußerungen sind ‚News': bedeutungslos, solange sie dem Empfänger keinen Dienst leisten und nur über den Absender etwas aus-sagen.

Dazu kommt noch die alte Erfahrung, daß nur ‚bad news' überhaupt ‚news' sind, bei denen wenigstens die instinkthafte Aufmerksamkeit der Angst mobilisiert wird.

‚News' werden erst zu ‚Nachrichten', wenn sie zumindest auf eine allge-meine *Neugier* stoßen, und Neugier ist ebenso wie Angst eine instinkt-hafte Reaktion.

‚Nachrichten' hingegen gedeihen zu ‚Botschaften' bei einem – wenn auch noch so unspezifischen – *Interesse*. Während der Neugierige unter-schiedslos nach Neuem giert, richtet der Interessierte auf Botschaften sein Augenmerk, die ihn persönlich in *irgendeiner* Weise betreffen.

Zu ‚Informationen' werden ‚Botschaften' aber erst durch ein Bedürfnis ihrer Empfänger nach ganz spezifischen Inhalten. Den drei unterschied-lich relevanten Sendungen ‚Nachricht' – ‚Botschaft' und ‚Information' stehen also auch drei unterschiedliche Empfänger-Voraussetzungen ge-genüber: Neugier, Interesse und (Informations-)Bedürfnis.

In eben derselben Weise ist auch die Qualität der Dienstleistung – von der Triebbefriedigung bis zur Problemlösung – abgestuft. Die Befriedi-gung der Neugier ist selbst im Extremfall nicht lebenswichtig wie möglicherweise eine Problemlösung, die in einer ganz bestimmten Information enthalten sein kann.

Informationen können Bedürfnisse nicht er-zeugen – ja nicht einmal erwecken, sofern sie nicht schon vorher bestanden haben. Bedürfnisse entstehen durch die allgemeinen Lebensbedingungen und werden durch Informationen lediglich beeinflußt. Eine Bedürfnis-Situation ist stets älter als jegliche Information dazu oder darüber. Die Nachfrage nach spezifischen Informationen hat stets etwas mit einem Problemlösungsbedarf zu tun, der in der zugrunde liegenden Situation besteht.

Informationen brauchen keinen Unterhaltungswert zu haben (wie die Mehrzahl der Zeitungs‚nachrichten‘), aber sie müssen einen ganz konkreten *Nutzwert* haben.

In diesem Sinne sind Informationen Dienstleistungen und können wie beliebige Hilfsmittel (Waren) be- und gehandelt werden.

Als Dienstleistungen müssen sie immer *dem Empfänger nutzen,* und ein solcher Nutzen kann nur dann registriert werden, wenn der Empfänger die Information auch mit Inanspruchnahme honoriert. Informationen, die für den Empfänger nichts wert sind, sind überhaupt nichts wert, mag der Absender sie auch für noch so wichtig halten.

So gesehen erübrigen sich viele Werbemaßnahmen, weil sie mehr über den Anbieter berichten als dem Empfänger (Hinweise auf) Problemlösungen bieten.

Wenn die Strategie zuständig ist für die allgemeine Zielsetzung des Unternehmens, für den Dienstleistungscharakter der Angebote und die Auswahl der Adressatenschaft, so trifft dies auch für das Informations-Angebot des Unternehmens zu. Auch dafür muß die Unternehmensleitung im Rahmen ihres strategischen Konzepts die Ware ‚Information‘ auf ihren Nutzen für den Empfänger hin überprüfen und entsprechend der speziellen Dienstleistung, die von der Ware geboten wird, den spezifischen Adressatenkreis festlegen. Jede Mark, ganz gleich ob in der Pressearbeit, in den Public Relations oder in der Verkaufswerbung, die außerhalb dieser Kriterien ausgegeben wird, ist im Sinne der Unternehmensbilanz hinausgeworfenes Geld.

Im übrigen ähneln Strategiefehler im Umgang mit der Ware ‚Information' durchaus den Strategiefehlern im Umgang auch mit anderen Waren:

– Ausbleiben von Informationen. In diesem Fall wird der Markt von anderen Anbietern besetzt,
– Fehlinformation – gleichbedeutend mit dem Liefern der falschen Ware an den richtigen Kunden,
– falsche Adressierung der Informationen – gleichbedeutend mit dem Liefern ordentlicher Waren an den falschen Kunden.

Hinter jeder Information steht eine *Verkaufsabsicht,* sofern wir ‚Verkaufen' weit genug als Problemlösung begreifen. Bei ‚Nachrichten' und ‚Botschaften' ist das nicht unbedingt der Fall. Bei Nachrichten genügt es, wenn sie unterhalten, Botschaften müssen wenigstens orientieren (man weiß nun zwar Bescheid, hat aber nicht viel davon) – nur Informationen müssen nützen. Wieviele Verlautbarungen von Unternehmen und Institutionen werden von den Absendern für Informationen gehalten, während sie objekt bestenfalls ‚Nachrichten' sind.

Die Steigerung der Information ist die *Kommunikation:* der Informationsaustausch. Auch dabei bleiben die Dienstleistungs- und Problemlösungs-Prinzipien dieselben: im Informationsaustausch erfahren beide Seiten *mehr* über den Partner, um noch genauer auf die Bedürfnisse des anderen eingehen und damit Verkaufsabsichten noch besser realisieren zu können.

Strategische Informations-Politik sollte immer auf Kommunikation sehen.

4. Über das taktische Denken

Taktik:
Ausführungskonzeption mittlerer und kurzer Reichweite

Ebensowenig wie der vorangegangene Abschnitt ein Lehrbuch der Strategie in nuce sein sollte, kann der jetzt folgende Text ein Schnellkursus in Taktik sein wie in unseren Seminaren. Wir wollen hier vielmehr *über Taktik nachdenken* und uns dabei Standort, Stellenwert und einige Prinzipien des taktischen Denkens vor Augen führen, um das Geeignete dann auch in der Tagespraxis nützlich anzuwenden.

Wenn Strategie das Handlungsprinzip der Unternehmens*spitze* ist, dann stellt Taktik das Handlungsprinzip der *nachgeordneten* Bereiche dar. Das bedeutet jedoch nicht, daß nicht auch einmal eine Unternehmensleitung in diesem oder jenem begrenzten Fall taktisch vorgehen muß, denn es kommt nicht immer darauf an, dem Unternehmen die große Linie seiner Dienstleistung oder der Öffentlichkeit das Prinzip ihrer Unternehmenskultur zu vermitteln.

Von der Strategie hatten wir gesagt, daß sie sich an dem Sinn des Unternehmens und dessen Dienstleistungsbeziehung zu den übergeordneten Systemen Markt, Wirtschaft, Gesellschaft zu orientieren habe.

Taktik steht demgegenüber unter dem Diktak der Zweckgebundenheit.

Ihr Maßstab ist die Kosten-Nutzen-Analyse. Dementsprechend ist sie vor allem pragmatisch und kommt (im Rahmen des allgemeinen Unternehmenskonzeptes) ohne eigenen Rückgriff auf Ideologien oder Philosophien aus.

Taktisches und strategisches Denken:
Wissenschaft und Kunst

Für beides – Strategie wie Taktik – gilt noch immer die Weisheit der früheren Heeresdienstvorschrift (HDV 300, TF), wo es von der Kriegsführung hieß, daß sie eine auf wissenschaftlicher Grundlage beruhende freie schöpferische Tätigkeit sei, die an die Persönlichkeit des einzelnen die höchsten Anforderungen stelle... Strategie wie Taktik sind somit auf ihre Weise nicht zuletzt ‚Kunst'. In der Tat ist die Fähigkeit zu leiten wie zu führen, zu erziehen wie zu heilen (die Grund‚tugenden' der alten Könige, die zugleich Priester und Ärzte waren[23]) sowohl eine Wissenschaft wie eine Kunst. Strategisches wie taktisches Verhalten ist deshalb nur in einem begrenzten Maße lehr- wie lernbar.

Wäre es anders, gäbe es nicht immer wieder neue Methoden und Prinzipien, Schulen und Modelle, mit denen diejenigen, denen die nötige Begabung fehlt, noch immer glauben, ihre Defizite kompensieren zu können. Bei näherer Betrachtung weisen nämlich die strategischen wie die taktischen Erkenntnisse und Praktiken, ungeachtet allen technischen Wandels, eine erstaunliche Dauerhaftigkeit auf, vor der „tausend Jahre oft nicht mehr als ein Tag" sind. Aus der Sicht der jeweiligen Zeitgenossen war die Welt gestern nicht weniger ‚komplex', als sie uns heute erscheint: für den ägyptischen Pharao, der sich als Feldherr vor fünftausend Jahren den Kopf über strategische Probleme zerbrach, nicht weniger als für den sowjetischen oder amerikanischen Generalstab heute, für den Handelsherren vor 1000 Jahren, der entlang der Seidenstraße operierte, nicht weniger als zur Zeit für einen ‚Multi'. Die scheinbare Zunahme an Komplexität gerade in unserer Zeit ist eine Folge unseres erweiterten Aufmerksamkeitsbereiches, den uns unsere unvergleichlich leistungsfähigeren Kommunikationsmittel ermöglichen. Zu allen Zeiten konnte einem nur das zum Problem werden, was man überhaupt als Problem wahrnehmen konnte – und man nahm auch nur das wahr, was einem zum Problem wurde. Mit der Vielzahl von Problemen, die wir heute mehr wahrnehmen als in früheren Zeiten, sind uns aber auch die materiellen Möglichkeiten ihrer Bewältigung nachgewachsen – ob als Risiko oder als Chance, das ist, wie gesagt, eine Sache der Persönlichkeit.

Strukturen des taktischen Denkens:
Lagebeurteilung und Entschluß

Jeder taktischen Überlegung über einen auszuführenden Auftrag geht die entsprechende AUFTRAGSERTEILUNG durch die vorgesetzte Stelle – in unserem Falle durch die Geschäfts-Leitung – und die Einweisung in die Lage voraus. Auf die Gefahren einer Detailfestlegung als Vorausstrukturierung hatten wir bereits hingewiesen. Die Konzipierung des Auftrags ist noch Sache der Strategie ebenso wie die EINWEISUNG IN DIE LAGE, worunter die allgemeine Beschreibung und Kommentierung der Rahmenbedingungen zu verstehen ist, die den Hintergrund für die beabsichtigte Aktion abgeben. Hierunter fallen beispielsweise rechtliche oder wirtschaftsbis tarif*politische* Gegebenheiten, Fragen der speziellen *technischen* Entwicklung, der besonderen Marktsituation, der Konkurrenzproblematik und anderes mehr. Die Darstellung dieser Rahmenbedingungen, so wie sie durch die Unternehmensleitung vermittelt werden, darf die anschließende *Lagebeurteilung durch die auftragnehmende Stelle* keinesfalls schon so weit vorwegnehmen, daß diese Beurteilung selbst nur noch die Rahmenbedingungen mit anderen Worten widerspiegelt: *Strategie und Taktik sind gleichqualifizierte Denkweisen und unterscheiden sich lediglich in ihrem Anwendungs- und Bezugsbereich.*

Bei den Streitkräften ist es durchaus üblich, daß ein bis dahin taktisch denkender Oberst und Brigadekommandeur plötzlich zum Chef des Stabes einer größeren Einheit berufen wird, um dann vom nächsten Tage an – ohne besondere Ausbildung – strategisch denken zu müssen. In der Wirtschaft ist es nicht anders. Wenn der Bereichsleiter ‚Verkauf' in den Vorstand berufen wird, muß auch er von dem einen auf den anderen Tag zwar seine Denkaspekte auf den neuen Horizont umstellen, aber er wird deshalb nicht die Qualität seines Denkens verändern müssen, denn taktisches Denken setzt lediglich das strategische Denken auf einer anderen Ebene zwar, aber mit derselben Qualität fort.

Auf der Grundlage des erteilten Auftrags nimmt die Bereichsleitung ihrerseits eine Lagebeurteilung vor, konzipiert Teil- und Etappenziele und überlegt Wege und Methoden der Durchführung. Aus alledem ergibt sich – nicht zuletzt unter Berücksichtigung des Zeitbedarfes – die Wege- und Mittelplanung, die, wie bereits erwähnt, mit der beauftragenden Instanz gemeinsam zu erörtern ist. Da Kosten im wirtschaftlich-strategischen wie -taktischen Denken ein anderer Stellenwert zukommt als im militärischen Bereich (Geld spielt im Krieg so gut wie keine Rolle), kann aufgrund der Kostensituation eine Änderung des Auftragsumfangs oder der allgemeinen Zielsetzung erforderlich werden. Ein Projekt sollte jedenfalls nicht eher als verabschiedet gelten, ehe nicht diese Rückkopplung mit den durchführenden Bereichen stattgefunden hat. Auftragsänderungen, in welchem Ausmaß auch immer, können dann auch keinen Gesichtsverlust für die konzipierende Stelle darstellen, wenn bei einer vernünftigen Formulierung der *Absicht* der Unternehmensleitung die strategischen Überlegungen nie bis in die taktischen Details hineingereicht haben und die abschließende Formulierung der Aktion erst nach der Diskussion der taktischen Möglichkeiten stattfindet.

Nicht wenige Unternehmen machen jedoch den Fehler, mit der Verpflichtung auf die strategische Zielsetzung zugleich eine Fülle von Detailvorschriften zu verbinden. Die durchführenden Stellen sind dann oft wer weiß wie lange damit beschäftigt, diese oft unsinnigen Einschränkungen abzuwehren, anstatt sich energisch auf das WIE des eigentlichen Auftrags zu konzentrieren. Hinter solchen Detaileingriffen steckt das Mißtrauen der Leitung in die fachlichen Fähigkeiten oder in die Loyalität der Mitarbeiter; das eine wie das andere sollte man getrost als das Vorzeichen eines baldigen Untergangs ansehen. Dabei ist der Sturz um so tiefer, je länger er mit eben denselben Mitteln, die ihn herbeiführen – nämlich der Gängelung im Detail – noch eine Weile hinausgezögert wird.

Bei taktischen wie strategischen Maßnahmen gilt der Grundsatz, daß man dann aktiv wird, wenn man stark genug dazu ist.
Das klingt banal. In der Praxis wird man häufig aber erst dann aktiv, wenn man bereits durch die Umstände dazu gezwungen worden ist. Dann ist man aber meist nicht mehr stark genug, denn sonst müßte man sich ja auch keinen Zwängen beugen. Hier liegen die Schwächen des oben im Prinzip gelobten strategischen Prinzips des MMC, das glaubt, seine Initiativen vor allem auf den *Defiziten* der Opponenten aufbauen zu können. Wer erst einmal anfängt, auf welche Weise auch immer, *sich an den anderen zu orientieren,* wird über kurz oder lang in die Defensive geraten und nur noch reagieren können (hier kann in der Tat das Schachspiel einmal etwas lehren!). Das ,Heft' des Handelns gleitet einem leichter aus der Hand, als man es je wieder zurückgewinnen kann. „Ein Management in der Defensive," so schreibt Inge Klingspon-März[24], „das, statt die richtigen Dinge zu tun, nur noch Dinge richtig tut, statt..." – wir würden hier sagen: eigene Ziele zu verfolgen – „nur noch Pflichten exekutiert, statt kreative Alternativen anzubieten, Probleme löst" (Probleme, die ihm die anderen auferlegt haben!), „statt Gewinne zu erzielen, nur

noch Kosten reduziert", verhindert die Entwicklung unternehmerischer Potentiale im eigenen Haus.
Schon in der Werbung gilt der Grundsatz, dann *zu werben, wenn man das Geld dazu hat.* Dies ist aber meist in Zeiten guter Umsätze der Fall, und gerade gann glauben nicht wenige Geschäftsleitungen, Werbung nicht nötig zu haben. *Wenn* sie diese aber erst wieder nötig haben, ist es meist auch mit der guten Finanzlage vorbei.

Taktik ist keine mindere Form der Strategie, sondern ein Leitungsansatz eigener Art

Erinnern wir uns der Eigenverantwortlichkeit der nachgeordneten Bereiche mit ihrem eigenen Sinn-Horizont, dann wird gerade hierin die entscheidende Voraussetzung für eine echte Taktik deutlich, die keine verkürzte Art der Strategie, sondern eine eigene Dimension des unternehmerischen Handelns darstellt: Selbstgesetzte Teilziele, selbstkonzipierte Wege- und Mittelplanung, abgestimmt zwar mit der übergeordneten strategischen Leitung, aber nichtdestoweniger Ausdruck zugleich der *Selbstverpflichtung zum Erfolg* der taktisch handelnden Ebenen in einem Unternehmen.

Taktik ist nicht nur im systemtheoretischen Sinn zweck-bezogen, sondern hat auch einen eigenen Sinn: Taktik ist die *bestimmten Unternehmensebenen adäquate, aber auch ihnen vorbehaltene Methode* des unternehmerischen Handelns: „Operatives…" (wir sagen statt dessen ‚taktisches'} „und strategisches Management stellen somit eine logische Gesamtheit dar", schreibt A. E. Steinmann[25]. Gegen Steinmanns Gegenüberstellung von taktischer und operativer Leitung (im Original heißt es im Gegensatz zu der von uns vorgeschlagenen Begrifflichkeit: operative Führung und strategische Führung) sollten wir jedoch Bedenken anmelden:

Zur *taktischen* Leitung (in unserer Terminologie) rechnet Steinmann:
– Erfolg (bei Liquidität)
– Veränderungsabwehr
– Problembewältigendes reaktives Handeln
– Lösungs-Suche in der Nähe vergangener Problembewältigung

133

- Ableitung einer befriedigenden Alternative
- Risikominderung
- Stabilität
- Aufgabenordnung entsprechend dem Transformationsprozeß

Demgegenüber sieht er auf der Seite des *strategischen* Handelns:

- Erfolgspotentiale
- Veränderungssuche
- Aktive Suche nach Chancen, antizipierendes Handeln
  Suche nach neuartigen Lösungen
- Optimierung durch Auswahl der besten Alternativen aus einer Vielzahl von Vorschlägen
- Risikoneigung
- Veränderliche und wechselnde Methoden
- Aufgabenanordnung entsprechend der Problemstellung

Das semantische Verständnis wird durch diese Formulierungen sicher nicht erleichtert; gravierender jedoch erscheinen uns die Inhalte. In ihnen kommt deutlich zum Ausdruck, daß die Strategen im I. Rang sitzen und die Taktiker bestenfalls im Parkett, und auch da nicht einmal in der ersten Reihe. Im Gegenteil: Während Strategie sozusagen offen agiert und ‚Veränderungen' frei ‚aufsucht', bleibt dem taktischen Verhalten nach Auffassung Steinmanns nur die Reaktion, die Abwehr solcher Strategien, wenn sie von der Gegenseite kommen.

Dasselbe drückt sich auch in der nächsten Gegenüberstellung aus: Strategie ist frei im Aufsuchen von Chancen und nimmt sie wohl auch in ihrem Denken vorweg, während die Taktiker sich lediglich reagierend mit den dadurch geschaffenen Problemen herumschlagen.

Strategen suchen neuartige Lösungen, während vernagelte Taktiker an ihren traditionellen Lösungen hängen, jedenfalls bleiben sie offenbar prinzipiell ‚in deren Nähe'. Auch die anschließende Gegenüberstellung bildet lediglich eine Variation desselben Themas.

Wie stark offenbar nicht nur der Handlungsspielraum, sondern auch die unternehmerischen Qualitäten der Taktiker nach Meinung des genannten Autors eingeschränkt beziehungsweise wie beschränkt diese selbst sind, macht ihre Neigung (oder prinzipielle Verpflichtung) zur Risikominderung deutlich, während den Strategen eine ‚Neigung' zum Risiko bescheinigt wird. Die Schlußbetrachtung hält sich im Rahmen des bereits Gesagten.

134

Auf eine solche Taktik als Denkweise (wenn offenbar auch auf einem sehr niederen Niveau) wie auf solche Taktiker und Verantwortliche in einem Unternehmen (wofür eigentlich noch verantwortlich?) sollte eine Leitung lieber ganz verzichten. In Science-Fiction-Filmen tritt diese Species als HI-Typen auf, als Leute mit nur ‚halber Intelligenz'.

Schwerpunkte des taktischen Ansatzes

Ausgerechnet dort angreifen, wo der Konkurrent am stärksten ist – so das zuvor erwähnte MMC-Prinzip –, so daß alle Anstrengungen nur auf den unökonomischen Verdrängungswettbewerb hinauslaufen, bleibt nur demjenigen übrig, der seine Angebotspalette nicht zu seiner Hauptwaffe gemacht hat. Das allein sollte von einer vorwiegend konkurrenzorientierten Strategie wie Taktik abhalten. Allein schon die meist sehr langen Entwicklungszeiten eines neuen Produkts lassen es gar nicht zu, das eigene Verhalten auf das der Konkurrenz abzustellen (MMC). Die Automobilindustrie hat es nahezu über Jahrzehnte verstanden, bestimmte Unternehmen in bestimmten Marktsegmenten – bei allem Wettbewerb im Detail – die Vorhand zu lassen. Ein Elefantenrennen kann selbst den Sieger das Leben kosten (siehe unten: Die Kosten des Sieges).

Vielmehr entspricht es einer überlegten Taktik, an bisherige Erfolge anzuknüpfen und eine Marktüberlegenheit, von der man weiß, daß sie nie ewig währt, zunächst einmal voll auszuschöpfen. Das schafft auch den notwendigen Spielraum, die nächste Etappe bezüglich des Angebotes vertrieblich ausreichend vorzubereiten.

Dabei ist im Zusammenhang mit der Zwischenziel- und der Wege- oder Methodenplanung vor allem die *Hilfsmittelplanung* ein Schwerpunkt der taktischen Leitung. Hierbei müssen die praktischen Erfahrungen aller involvierten Bereiche mit eingehen, denn nur dadurch ist die herausragende Rolle des taktischen Bereichs bei der Mittelplanung begründet.
Zu diesen Hilfsmitteln rechnen aber nicht nur die unbedingt nötigen, sondern auch die nur möglicherweise benötigten Ressourcen.
Mit anderen Worten: Planung muß ausreichende Reserven berücksichtigen – Reserven sowohl an Material wie Personal, und das schließt finanzielle Mittel ein. Eine Verkaufskampagne, bei der nach einer aufwendigen Werbung auf einmal die Produkte knapp werden, ein Werbe-

Feldzug, bei dem mehrfach nachgefaßt werden muß, eine Service-Aktion, bei der plötzlich die nötigen Leute fehlen, sind Verlustgeschäfte, denn der kalkulierte Gewinn liegt bei den letzten Prozentanteilen und nicht bei den ersten.

Genauso wie man eine Aktion nicht zu früh abbrechen darf, genauso ist es eine Frage der taktischen Einsicht und Übersicht, eine Aktion auch nicht über den berühmten ‚Breakpoint‘ hinauszutreiben, an dem der Aufwand in keinem Verhältnis mehr zum Nutzen steht. In diesem Punkt unterscheidet sich wirtschaftliches und militärisches Denken nicht unerheblich. Den Militärs aller Zeiten und Länder ist es nicht selten aus Prestigegründen („pour la gloire") darum gegangen, vor allem der Letzte auf dem Schlachtfeld zu sein, während der Taktiker auf dem Feld der Wirtschaft Sieg und Niederlage am Ökonomischen mißt und den Pyrrhus-Sieg gern dem eigentlichen Verlierer überläßt. So paradox es klingt: ein Sieg kann durchaus den Gewinn kosten.

Taktik in der Wirtschaft: nicht gewinnen, sondern Gewinne machen

Taktik ist zweck-bezogen darauf gerichtet, Gewinne zu machen. Auch wenn wir einer umfassenden Interpretation des Begriffes ‚Gewinn‘ an dieser Stelle nicht vorgreifen wollen, so ist doch selbstverständlich, daß Umsatz nicht gleich Gewinn ist. Auch wer unter dem Einstandspreis seine Waren verschleudert, macht Umsätze. Taktik ist auf die Gewinnträchtigkeit des Handelns gerichtet, Taktik soll ja *verhindern*, daß auch in der angespannten Lage Umsätze um jeden Preis gemacht werden müssen. Dabei ist Preis nicht immer nur = Verkaufserlös, es kann dabei auch das Renommée des Unternehmens, seine Vertrauenswürdigkeit, kurz sein ‚Bild‘ (Image) in der Öffentlichkeit auf dem Spiel stehen. Taktik heißt also, nicht ‚schlau‘ oder auch nur pfiffig mit den anderen umgehen, um auf raffinierte Art und Weise ‚einen Schnitt zu machen‘ – Taktik sollte vielmehr eine Mischung von *Geschick und Takt* sein und darauf abzielen, mit jeder Aktion auch die allgemeine Marktsituation zu verbessern, günstigere Ausgangspositionen für die nächsten Vorhaben zu gewinnen, das Kundenvertrauen zu stärken und die Austauschbeziehungen zu vervielfältigen oder zu vertiefen (siehe Teil IV).

Kosten-Nutzen-Analyse besagt nicht nur, daß ausreichend viel ‚unterm Strich' übrig bleiben soll, sondern daß sich auch im Vorher/Nachher-Vergleich nicht nur die Mittel vermehrt haben, sondern auch die allgemeine betriebliche und Marktposition verbessert worden ist. Ein ‚Sieger', der nach der Schlacht mit dem Rücken an der Wand steht, ist häufig schon im nächsten Augenblick der Verlierer ebenso wie derjenige, der nach dem letzten geglückten ‚Streich' selbst ‚tot' umfällt. Pyrrhus-Siege sind in der wirtschaftlichen Auseinandersetzung keinesfalls selten. Wenn ein Unternehmen nach der ‚erfolgreichen' Eroberung von Marktanteilen (ein sehr verfehlter Maßstab für wirtschaftlichen ‚Erfolg' überhaupt, siehe Teil IV) und nach der geglückten Übernahme von einem halben Dutzend Konkurrenten dann nur noch den Banken gehört, dann steht es eben auf der Seite der Verlierer, es sei denn, man sieht dies aus der Sicht der Banker.

Taktik ist immer ein *gleich*seitiges Dreieck, bei dem keine Seite wichtiger ist als die andere. Wenn man auch nur eine Seite aus den Augen verliert, verliert man das Ganze aus den Augen:

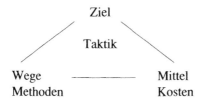

Abbildung 3: Taktik als gleichseitiges Dreieck „Wege – Mittel – Ziel"

Das gefährliche Kostendenken

Kostendenken ist *nicht nur* nützlich, sondern hat auch seine Gefahren. Die Liste der Unternehmen ist lang, die an *mangelndem* Kostendenken zugrunde gegangen sind. Aber nicht minder lang ist die Reihe derjenigen, denen die *Fixierung auf die Kostenseite* den Blick auf die Weiterentwicklung versperrt hat.

Der Generaldirektor der Schweizer Uhrenfabrik ETA hat auch mit einer Kostensenkung in allen Bereichen bei dem Wiederaufbau seines Unternehmens begonnen, kommt aber dennoch zu einer negativen Einschätzung: „Kompromißlose Re-Strukturierung, Re-Dimensionierung, Rationalisierung, Firmenschließung, massiver Personalabbau im Gemeinkostenblock wie bei den variablen Kosten... Alles relativ einfach durchzuführen, aber hochgradig unbefriedigend, frustrierend und für alle Involvierten demotivierend..." (Thomke[26]).

Für Wickham Skinner[27], Professor für Fertigungswirtschaft an der Harvard Business School, sind Kostenprogramme sogar ein untaugliches Mittel, um die Produktivität wiederzugewinnen oder zu steigern: „Entschlossen Verschwendung und Ineffizienz zu bekämpfen... reicht nicht aus, Wettbewerbsstärken wiederherzustellen. Die Konzentration auf Kostensenkung... erweist sich als unzureichend, da die Unternehmen die Kosten im allgemeinen nicht tief genug drücken können, um die Produktivität zurückzugewinnen."

Dazu kommt, daß ein über das ganze Unternehmen ausgebreitetes Kostendämpfungsdenken auch sonst eine lähmende Wirkung ausübt, weil man auf Schritt und Tritt daran erinnert wird, daß sich das Unternehmen in einer Talsohle befindet. Kostensenkung ist in der Tat kein allein selig machendes Prinzip ist, um aus einem Tief wieder herauskommen. Auch ein leckes Schiff wird nicht dadurch allein wieder seetüchtig, daß man nur das eingedrungene Wasser wieder herauspumpt, es muß noch einiges mehr geschehen: „Hohe Qualität, zuverlässige Lieferung, kurze Vorlaufzeiten, Kundendienst, rasche Produkteinführung, flexible Kapazitäten und effizienterer Kapitaleinsatz – *dies*, nicht Kostenmaßnahmen, sind unter den heutigen Bedingungen die Quellen von fertigungsgestützten Wettbewerbsvorteilen" (Skinner). Natürlich hört sich das alles an wie der Stein der Weisen, aber das ändert nichts an seiner Richtigkeit.

Taktisches Vorgehen hat vernetzte Wirkungen zu berücksichtigen. Man muß wissen, daß in schwierigen Lagen das Abwerfen von Gepäck (man nennt das dann ‚Ballast') nicht viel nützt. Prohibitive Maßnahmen sind noch kein Zeichen von guter Taktik, wohl aber ‚vorausschauende Maßnahmen', und in derselben Weise, wie man Teilziele und -etappen konzipiert, sollte man gegebenenfalls auch Rückzugslinien festlegen und Auffangstellungen vorbereiten. Wer wie im militärischen Bereich immer nur auf Angriff gedrillt worden ist (wie seinerzeit die deutschen und die sowjetischen Truppen bis auf den heutigen Tag), wird seine größten Verluste in der Verteidigung oder im Rückzug erleiden. In der Wirtschaft ist es nicht anders. Wenn es mit dem einen Produkt nicht weitergeht, muß man auf andere ausweichen können; wenn nicht auf selbst produzierte, dann auf günstig eingekaufte; wenn die angestammte Vertriebslinie nicht mehr funktioniert, muß man auf andere *vorbereitet* sein, und man muß auch einmal eine Weile kurztreten können:

Vorausschau – Flexibilität – Beweglichkeit – Methodenvielfalt und zielbewußte Kreativität sind die entscheidenden Faktoren des taktischen Handelns.

Daß Taktik auch die Motivationsprobleme der Handelnden mit einkalkulieren muß – denn motivationale Energie ist nicht minder wichtig als technische Energie –, soll uns gleich noch unter dem Stichwort „FÜHRUNG" beschäftigen.

139

Teil III:

Über Sinn-Orientierung in der Mitarbeiter-Führung

1. Sinn und Zweck in der Mitarbeiter-Führung

Im I. Teil unserer Überlegungen hatten wir die ‚Instrumente' dargelegt, die ein sinn-orientiertes Denken bietet und die für alle hier behandelten inhaltlichen Bereiche gelten. Der II. Teil beschäftigte sich dann mit den speziellen Denk-Mustern (Strategie, Taktik usw.), wie sie zum Erreichen der sachlichen Unternehmensziele im Aufgabenbereich der Unternehmens-*Leitung* zur Verfügung stehen.

Demgegenüber befaßt sich der III. Teil mit der Arbeitsmotivation der Mitarbeiter als Voraussetzung für die Verwirklichung dieser sachlichen Ziele. Wie zuvor schon einmal angedeutet, *kommt die Motivation vom Sinn der Arbeit,* nicht aber von ihren verschiedenen Zwecken.

Ehe wir deshalb auf die besonderen Motivations- und damit auf die speziellen Führungsprinzipien mit ihren eigenen Denkansätzen eingehen, erscheint es angebracht, die *unterschiedliche Definition* von SINN und ZWECK in der Unternehmens-Leitung wie in der jetzt zu behandelnden Unternehmens-Führung herauszuarbeiten. Um der besseren Übersicht willen haben wir beide in Schemata (Abbildungen 4 und 5) einander gegenübergestellt. Sinn und Zweck werden also entsprechend den unterschiedlichen Bezugsbereichen auch unterschiedlich *definiert:*

Der Sinn der Leitung ist die sachliche Verwirklichung der Dienstleistung, die das Unternehmen gegenüber der Öffentlichkeit erbringt.

Der Sinn der Führung ist die Motivierung der Mitarbeiter zu dieser Dienstleistung.

Beides wird also umgriffen von der Dienstleistungs-Aufgabe des Unternehmens, die Sinn und Richtschnur sowohl der Leitung wie der Führung im Unternehmen ist.

Fragen wir uns nun, *wo* der entscheidende *gedanklische wie praktische Ansatzpunkt zur Verwirklichung* des einen wie des anderen liegt, dann wird sofort die eminente Bedeutung dieser unterschiedlichen Interpretation klar:

Sektor „Leitung"

Sektor „Leitung"
*Die Unternehmens-**Leitung** als Dienstleistungs-System*

Sinn der Leitung: Dienstleistung gegenüber dem Gesamtsystem
„Unternehmen" zur Verwirklichung des Unternehmens-Sinns

Zweck-setzungen
der Leitungen: Programmierung, Strukturierung und Organisation der sachlichen Abläufe entsprechend dem
Unternehmens-Sinn
Koordination

Voraussetzungen
auf Seiten der **Leitenden:** ... der **Anzuleitenden:**

Fachliche Kenntnisse und Fertig- fachliche Kenntnisse
keiten und die Befähigung, ohne Fertigkeiten
andere zweckmäßig anzuleiten

Abbildung 4: Sektor „Leitung"

Leitung setzt bei den sachlichen Erfordernissen, den Zwecksetzungen
im Unternehmen an –
Führung bei den *individuellen Motiven* der Mitarbeiter.

Immer dann, wenn es um Verwirklichung geht, kommen die Zwecke ins
Spiel. Wir hatten deshalb zuvor auch formuliert:

Der Zweck ist das Mittel zum Sinn.

Den Bereich, in dem die Zwecke der Leitung verwirklicht werden müssen, ist deshalb auch das Feld, in dem die Führung sinnvolle Herausforderungen an die zu Führenden schaffen muß.

An den Zwecksetzungen der Leitung ändert sich dadurch nichts. Sinn-
orientierte Führung verändert diese sachlichen Erfordernisse der Arbeit
nicht etwa im Sinne von Gefälligkeiten: Wie hätten Sie's denn gern?

```
┌─────────────────────────────────────────────────────────────┐
│                    Sektor „Führung"                          │
│      Die Führung im Unternehmen als Dienstleistungs-System   │
│                                                              │
│  Sinn der Führung: Motivierung der zu Führenden zu einem sub-│
│                    jektiv-sinnvollem Handeln entsprechend dem│
│                    Unternehmens-Sinn                         │
│                                                              │
│  Zweck-setzungen                                             │
│  in der Führung:    Schaffen von situativen Herausforderungen im│
│                     Sinne des Leistungshandelns              │
│                     Kooperation                              │
│                                                              │
│  Voraussetzungen                                             │
│  auf Seiten der Führenden:           ... der zu Führenden:   │
│                                                              │
│  Kenntis der Werte-Konzeption        Bekenntnis zu einer     │
│  der zu Führenden:                   individuellen Werte-    │
│                                                Konzeption    │
│                                                              │
│  Persönliche Führungsfähigkeit       Bereitschaft und        │
│                                      Fähigkeit zu ihrer       │
│                                      Verwirklichung          │
└─────────────────────────────────────────────────────────────┘
```

Abbildung 5: Sektor „Führung"

Eine andere Arbeit – eine andere Arbeitszeit – eine andere Bezahlung? Sinn-orientierte Führungs greift weder in die arbeitsrechtliche oder arbeitspolitische Situation in den Unternehmen ein noch in die Auseinandersetzung zwischen Unternehmensleitung und Betriebsrat.

Entscheidungen, die diesen Gremien vorbehalten sind, müssen auch in deren Verantwortlichkeit bleiben.

Sinn-orientierte Führung fragt vielmehr danach, unter welchen individuellen und subjektiven Bedingungen die einzelnen Arbeitssituationen so gestaltet werden können, daß sie für jeden Beteiligten irgendeine sinnvolle Herausforderung bieten und somit die Möglickeit individueller Sinn-Erfüllung in der Arbeit.

145

2. Führen als Motivieren

Das ‚Von-den-anderen-her-Denken' bei der Lösung personaler Probleme

Zunächst sollten wir einem weitverbreiteten Mißverständnis begegnen: Im allgemeinen herrscht die Auffassung vor, man könne einen anderen ‚motivieren' (entsprechend dem lateinischen Begriff *motivare* = etwas in Bewegung setzen) nahezu im Sinne der Manipulation, wenngleich auch nicht immer in der fragwürdigen Absicht, die man damit oft unterstellt. Geld, Versprechungen, Beförderungen und anderes mehr gelten als übliche Motivatoren und im negativen Sinne natürlich auch Manipulatoren.

So sehr all das seine Wirkung kaum verfehlen mag, zeigt sich jedoch in der Praxis, daß es weder absolut sichere Mittel noch eine völlig sichere Methode gibt, in *jeder* Situation mit *ein und denselben* Herausforderungen *jeden* beliebigen Menschen ‚in Bewegung zu setzen'.

Motivation setzt sich im allgemeinen aus einem ganzen *Bündel von Einzelmotiven* zusammen, die noch dazu in erheblich differenzierter Weise in Erscheinung treten können. Selbst wenn jemand Hunger hat, entscheidet noch das Ausmaß seines Hungers oder seines Hygienegefühls darüber, ob er ‚alles' zu essen bereit ist, und wenn es sein muß, mit den Fingern und aus einem schmutzigen Napf. Manches quält man sich herein, anderes nicht, und etwas Unappetitliches oder Widerliches ißt mancher vielleicht trotz seines Hungers nicht, und man läßt sich auch noch nicht einmal in jeder Situation etwas verabreichen, und von ganz bestimmten Leuten schon gar nicht, man denke nur einmal an einen Hungerstreik.

Pauschale Einstellungen über Motivation sind also im höchsten Maße fragwürdig, denn alle Motive hängen stets von dem jeweiligen Individuum und der jeweiligen Situation ab – kurz gesagt: *sie sind individuell und situativ.*

Weiterhin werden wir vielfach bei diesen Einstellungen darauf stoßen, daß sie meist sehr verfestigt sind und auf Traditionen oder auch nur auf individuellen Denkgewohnheiten beruhen. Gewohnheiten (und Traditionen sind Denk-Gewohnheiten) dienen bekanntlich dazu, handeln zu kön-

146

nen, ohne nachzudenken zu müssen. Gewohnheiten sind also nicht nur *notwendig*, weil wir sonst an jedem Tag vermutlich ein paar hundert Entscheidungen mehr treffen müßten, sondern sie sind deshalb auch sehr bequem – für den Handelnden ebenso wie für dessen Umwelt, die einen Menschen, wenn sie seine Gewohnheiten auch nur einigermaßen kennt, viel besser einzuschätzen vermag: sie weiß dann einfach, was sie von ihm zu halten hat.

Will man also mit jemandem einigermaßen auskommen, dann achte man darauf, ihn bezüglich seiner Denkgewohnheiten nicht aus dem Konzept zu bringen. Man unterlasse es, etwas zu sagen, was er nur ungern hörte, und man veranlasse ihn nicht, gerade das zu tun, was er auch nur ungern täte. Kommt man jedoch in dem einen oder anderen Fall doch nicht darum herum, dann stellt man das, was man sagen oder verlangen muß, in einen für ihn akzeptablen Zusammenhang: Man legt ihm die Notwendigkeit dar, man macht deutlich, welcher Nutzen für ihn darin liegt oder welche Folgen er vermeiden kann. Mit anderen Worten: Man verändert zwar die Sache selbst nicht – man sagt, was man sagen muß, und man bringt den anderen dazu, das zu tun, was er tun soll –, aber man stellt ihm dabei das für ihn Sinnvolle vor. Die Klugheit – und nicht die Hinterlist – erfahrener Ehepartner beruht auf dieser Kunst – und die Weisheit aller erfolgreichen Führer.

Führen heißt immer motivieren – und motivieren heißt in erster Linie: von dem anderen her denken.

Nicht die Beschreibung des Zieles, auf das sich Führung *auch* richtet, ist das Entscheidende an der Führung, sondern die Darlegung der SINN-Möglichkeiten, um derenwillen *der zu Führende* dieses Ziel erreicht sollte. Ziele kann man auch ohne Führung *anweisen*, mitunter genügt ein einfacher Weg-Weiser. Aber Führen ist ohne Motivieren nicht möglich, denn Motivieren *ist* Führung. Deshalb muß ein Führer viel wissen von denen, die er führen will, denn sonst wäre er zum Beispiel in einem Unternehmen nicht in der Lage, aus Sicht der Unternehmensleitung *objektiv zweckmäßige* und aus Sicht der zu Führenden *subjektiv sinnvolle* Herausforderungen zu schaffen.

3. Führen als individuelle Maßarbeit

Führen ist auch immer individuelle Maßarbeit und auf das jeweilige Gegenüber bezogen – keine Maßkonfektion und schon gar keine Massenkonfektion. Und deshalb gibt es auch *keine prinzipielle Bestmethode*, mit der man sein Führungsziel immer erreichen kann.

Wir täuschen uns viel öfter, als wir es wahrhaben wollen, über die tatsächliche Wirkung unserer Bemühungen um andere. Bei einer meiner Befragungen von erfolgreichen Außendienstmitarbeitern zeigte sich, daß ausgerechnet der Erfolgreichste mit dem vorbildlichsten Engagement, der besten Argumentation und dem geschicktesten Umgang mit den Kunden von seinem Beruf selbst nicht besonders viel hielt. Dieser Beruf hatte für ihn einzig und allein den ZWECK, ihm diejenigen finanziellen Mittel zu verschaffen, die er zur SINN-Verwirklichung an anderem Ort brauchte. Umgekehrt fühlten sich ein paar Ergebnisschwache aus der Gruppe in ihrem Beruf ausgesprochen wohl, waren der Meinung, auch gut geführt zu werden, hatten eine hohe Meinung von sich selbst und ihren Leistungen, wenngleich sie sich auch in deren Einschätzung ‚etwas verkannt‘ fühlten.

Der Leiter dieser Gruppe war da ganz anderer Meinung: Er glaubte, daß das hervorragende Ergebnis der Spitzenreiter auf der Berufsbegeisterung der Betreffenden beruhe, nicht zuletzt jedoch seinem persönlichen Führungs-Konto gutzuschreiben sei, da er sich um diese Leute kümmere. Bei den Schlußlichtern allerdings sei wohl Hopfen und Malz verloren, und es wäre sicher am besten, wenn man sich möglichst bald von ihnen trennte. Sofern alle diese Mitarbeiter also – subjektiv oder objektiv – erfolgreich waren, dann nicht wegen, sondern *trotz* dieser Mißverständnisse in der Führung.

Führung als Motivieren setzt, wie gesagt, voraus, sehr viel von den Geführten zu wissen – mehr jedenfalls, als die meisten Führer zu wissen glauben. *Um überhaupt genügend wissen zu können, müssen geführte Gruppen klein sein.* Die Römer hatten dazu bereits das richtige Maß. Als unmittelbarer Führer galt bei ihnen der Decemvir, der 10-Mann-Führer, der Unteroffizier. Auch im militärischen Bereich gilt der Unteroffizier als ‚das Rückgrat der Armee‘, und interessanterweise hat Lech Walesa einmal der polnischen Wirtschaft vorgeworfen, daß in ihr ‚die Unteroffiziere fehlten'.

In einem meiner Seminare haben Teilnehmer aufgeschrieben, was ihre Vorgesetzten eigentlich von ihnen wissen sollten, um das notwendige Verständnis für die Arbeit ihrer Mitarbeiter aufzubringen und die nötige Hilfestellung leisten zu können. *Führen heißt nicht vorschreiben, sondern (gelegentlich) auch vormachen.* Bei der nächsten Gelegenheit sollten dann die entsprechenden Vorgesetzten sagen, was sie denn von ihren Mitarbeitern als Voraussetzung ihrer Führungsaufgabe wüßten. Um es ihnen leicht zu machen, einigten wir uns darauf, daß jeder nur von demjenigen, mit dem er schon am längsten zusammenarbeitete (im Schnitt 5–6 Jahre), aufschrieb, was ihm von dessen Lebensumständen und Familienverhältnissen und vor allem von dessen Erwartungen gegenüber Leben und Beruf bekannt war. Das Ergebnis war niederschmetternd: nicht einmal ein Drittel dessen, was die Mitarbeiter sich gewünscht hatten, daß ihre Vorgesetzten eigentlich von ihnen wissen sollten, war diesen tatsächlich bekannt.

Wenn Motivieren voraussetzt, eine Situation mit den Augen der anderen sehen – *von den anderen her denken* – zu können, dann beginnt mit diesem Sich-um-den-andern-Kümmern das Führen überhaupt erst:
Eine Messe soll besucht werden – nicht eine der üblichen im Inland, sondern eine Auslandsmesse, auf der sich das betreffende Unternehmen zum ersten Mal darstellen will. Wen soll man hinschicken? Diejenigen, die auch sonst auf solche Veranstaltungen gehören? Natürlich – wen denn sonst?, wird man sagen. Aber das ist eben die Frage! Wen würde eine solche Aufgabe denn locken? Wer würde darauf brennen, einmal ‚hinauszukommen', einmal zu zeigen, daß er auch noch anderes kann als das üblicherweise von ihm Erwartete? Bei wem wäre das Risiko des Unternehmens größer: bei einem möglicherweise wenig motivierten Fachmann oder bei einem vielleicht weniger erfahreneren, dafür aber ungleich engagierteren ‚Außenseiter'?

Daß man nicht nur Messe-Neulinge auf die Reise schickt, selbst wenn sie noch so begeistert sind, ist selbstverständlich. Aber neben ein paar Profis, auch wenn sie wenig erbaut von einem vielleicht dreiwöchigen Auslandsaufenthalt wären, ist es sicher aus mehreren Gründen geschickter,

Mitarbeiter auszuwählen, denen eine solche Aufgabe etwas bedeutet, als andere, für die nichts weiter spricht, als daß sie über die nötige Routine verfügen. Wo es darum geht, plötzlich auftretende, vielleicht neuartige Schwierigkeiten mit Einfallsreichtum und Engagement zu überwinden, 18 Stunden pro Tag ‚da‘ und nicht nur anwesend zu sein, den Willen zu haben, nicht nur etwas zu tun, sondern auch etwas zu leisten, da setzt Führung ein, und da reicht das Erteilen von Leitungsanweisungen nicht mehr aus.

Zur Leistung motivieren – so hatten wir es formuliert – (siehe Abschnitt II. 1): bedeutet aus zu übertragenden Handlungen *zu übernehmende Aufgaben* machen. Was für den einen eine Belastung darstellt, ist für den anderen eine Chance. Führung soll engagierte Arbeit bewirken und sinnvolle Herausforderungen ermöglichen; das jedoch heißt in erster Linie, vorhandene motivationale Chancen zu nutzen.

Von-den-anderen-her-Denken ist dabei keinesfalls dasselbe wie *vor allem* die Sinn-Erwartungen *der anderen* im Auge zu haben. Die Hauptaufgabe der Führung – siehe unser Schema zuvor – liegt nach wie vor in ihrem Beitrag zur Dienstleistung des Unternehmens und damit in der Realisierung der Leitungs-Aufgaben. Es wäre auch zu vordergründig gedacht, wollte man, wie es McGregor („Der Mensch im Unternehmen“) mit seiner XY-Theorie tut, Führungshandeln in der Koordinierung der Unternehmens-*Ziele* oder -*Interessen* mit den Mitarbeiter-*Zielen* sehen[28]. Hier geht es nicht um Ziele oder Interessen, bei der Arbeitsmotivation geht es um Sinn!
Wenn das Unternehmen daran interessiert ist, daß die Arbeitszeit eingehalten wird und die Mitarbeiter pünktlich zur Arbeit erscheinen, die Mitarbeiter aber daran interessiert sind, morgens nicht wer weiß wie früh aufstehen zu müssen, um bei dem dichten Berufsverkehr pünktlich zu sein, vereinbart man demzufolge gleitende Arbeitszeit. Mit Arbeitsmotivation hat das noch nichts zu tun. Ist die Mittagspause zu kurz, um auch nahegelegene Gaststätten aufsuchen zu können, kann das Unternehmen, wenn es keine eigene Kantine hat, „Essen auf Rädern“ bestellen – die Arbeitslust wird auch dadurch noch nicht erhöht. Wenn sich finanzielle Interessen auf beiden Seiten gegenüberstehen, wird die Tarifpartnerschaft bemüht. Aber noch keine Gewerkschaft ist je der Meinung gewesen, daß sie durch Lohnerhöhungen die Produktivität oder die Arbeits-

moral verstärken wollte. Und selbst Job-rotation und verbesserte Aus- oder Fortbildung – beides sicher im Interesse sowohl des Unternehmens wie bestimmter Mitarbeiter – schlagen sich zunächst einmal im Bereich der sachlichen Arbeitsläufe nieder – aber bis zu einer damit auch automatisch verbesserten Arbeitsmotivation ist es noch ein weiter Weg.

Alles das – so wichtig es ist – ist noch nicht Führung. Führung, die auf *Sinnerfüllung in der Arbeitszeit* abzielt (und nicht auf ‚ausschlafen können‘, ‚satt werden‘, ‚genug Geld verdienen‘, wie in unserem Beispiel), muß von den Sinn-Konzepten der zu Führenden angepackt werden – denn die Motivation kommt vom Sinn und nicht von noch so zweckmäßig im Leitungsinteresse ablaufenden Arbeitsprozessen.

4. Das Sinn-Konzept der Geführten als Denkansatz der Führung

Führen will Sinn-Erfüllung in der Arbeit erreichen, und deshalb muß sie ihren *Ausgangspunkt* (nicht die Ziele ihres Handelns: diese liegen in der Verwirklichung der von der Leitung vorgegebenen Aufgaben) ‚bei den anderen‘, bei den Motiven der zu Führenden suchen.

Diese ‚anderen‘ sind Menschen, die ihre eigenen Vorstellungen von dieser Welt, von ihrer persönlichen Rolle, ihren Hoffnungen und Erwartungen haben. Ein Teil dieser Vorstellungen ist gelernt und das Ergebnis eines langjährigen Erziehungsprozesses, anderes aber hat sich aus Eigenem entwickelt, mitunter im Widerspruch zu dem Gelernten. Was ein Mensch davon akzeptiert und begriffen hat, was wer als sinnvoll betrachtet oder nicht, kann man zwar vermuten, aber gewiß weiß man es erst, wenn man sehr viel Erfahrungen mit ihm gesammelt hat. Vermutungen lassen sich mit einigem Anspruch auf Gewißheit nur dann anstellen, wenn das Vermutete zu dem Gelernten gehört, weil in einer Gesellschaft schließlich alle mehr oder weniger dasselbe gelernt haben: so die Zehn Gebote, die Straßenverkehrsordnung und eine Reihe von Sozialtechniken, auf deren Beherrschung das Zusammenleben von Menschen beruht.

Der Hauptabteilungsleiter X hat Gäste. Seine Frau zieht sich dazu schick an – nicht zu auffällig, weil ja auch die Frauen einiger Mitarbeiter erscheinen, die sich vielleicht ein auffallend teures Kleid oder einen bestimmten Schmuck nicht leisten können. Im Unterschied zu dem üblichen Party-Schnickschnack haben die Gastgeber auch unter sich abgemacht, keine großen Urlaubstiraden vom Stapel zu lassen, überhaupt so wenig wie möglich von ihren eigenen Belangen zu reden, sondern sich auf die ihrer Gäste einzustellen. Die Familie des einen Mitarbeiters mußte gerade den schweren Unfall ihres zwölfjährigen Sohnes verkraften, ein anderer Mitarbeiter ist soeben von einer erfolgreichen Auslandsreise zurückgekommen, ein dritter hat vor kurzem sein eigenes Haus beziehen können, die Einweihungsparty steht noch bevor – der vierte, ein ‚Solist‘, gilt als außerordentlich tüchtig, aber auch als sehr verschlossen und lebt offenbar ganz für sich allein (man muß vielleicht etwas für ihn tun?), ein fünfter ist gerade zum zweiten Mal geschieden, und die Frau des sechsten hat vor kurzem einige Wochen lang im Krankenhaus gelegen, man spricht von einer komplizierten Fehlgeburt...

Der Hauptabteilungsleiter ,weiß Bescheid', und er hat zusammen mit seiner Frau diesen Abend vorbereitet wie eine gut geplante geschäftliche Besprechung: bei Tisch sitzen die ,richtigen' Leute sowohl einander gegenüber wie nebeneinander, und nach dem Essen in der scheinbar zwangloseren Runde werden seine Frau und er selbst darauf achten, daß der Abend für *alle* ein Erfolg wird.

Jeder erwartet für sich etwas von diesem Abend, hat der Gastgeber zu seiner Frau gesagt – die einen, daß wir von ganz bestimmten Dingen sprechen, an denen ihnen liegt, und die anderen, daß wir von ganz bestimmten Dinge *nicht* sprechen. Natürlich ist ein gesellschaftliches Beisammensein nicht die Fortsetzung der geschäftlichen Absichten mit anderen Mitteln, und es ist auch nicht der Augenblick, Überlegenheit einmal ganz anders zu demonstrieren als bei einer Managementbesprechung – mit Konsum etwa.

Während ,Leitung' mit Beendigung der Arbeitszeit ihr Ende finden sollte, ist Führung also ein Fulltime-Job. Der Mitarbeiter, der gerade in sein eigenes Haus gezogen ist, hört während des abendlichen Beisammenseins von der Frau seines Vorgesetzten ,beiläufig', daß diese davon weiß: „Dann bleiben Sie ja wohl auch der Firma treu...?" „Wenn die Firma mir treu bleibt?" „Warum nicht – mein Mann jedenfalls arbeitet gern mit Ihnen zusammen." Mitarbeiter in verantwortlichen Positionen brauchen nicht den ganzen Tag Aufmunterungen oder Hilfestellungen. Aber auch sie müssen ein Gefühl der Sicherheit haben. Das haben sie dann, wenn sie spüren, daß es nicht nur die Arbeit ist, die sie miteinander verbindet, sondern auch sonst eine gegenseitige Wertschätzung, die über den Schreibtisch hinausreicht. „Ich wußte gar nicht, daß Ihr Mann Ihnen von unserem Unglück erzählt hatte," sagt die Mutter des verunglückten Jungen, und der Introvertierte vernimmt erstaunt, daß man sich über seine Zurückgezogenheit Gedanken gemacht hat. „Ich habe nur im Augenblick keine Zeit – aber im Sommer, da wird das dann wieder anders..." „Im Sommer?" „Im Sommer werde ich wieder segeln gehen." „Und im Winter?" Er guckt etwas verdutzt, dann sagt er: „Im Winter... Sie meinen jetzt! Ja jetzt habe ich Computerprobleme." „Auch zu Hause?" „Nur zu

Hause. In der Firma gehorchen mir die Computer aufs Wort, aber zu Hause... ich entwickele nämlich ein neues HMV-System."
In einem günstigen Augenblick sagt Frau X, unter Hinweis auf den neben ihr stehenden Computerspezialisten, zu ihrem Mann: „Wußtest Du, daß Herr M zu Hause neue Computersysteme entwickelt?"
Man weiß voneinander, und man weiß, daß man voneinander ruhig einiges wissen sollte, ja wissen muß. Und man weiß, daß man einander schätzt. Führung achtet darauf, daß zwischen den Geführten keine kräftezehrenden Konkurrenz entsteht, ohne ein gesundes Wettbewerbsdenken zu behindern, denn auch zwischen Konkurrenz und Wettbewerb ist der Unterschied erheblich, in einem anderen Zusammenhang habe ich dies ausführlicher dargestellt (siehe Seite 187). Führung muß ein tragfähiges Beziehungsgeflecht schaffen, das gegenseitiges Vertrauen und Zuverlässigkeit bedingt. Neben das allgemeine Wissen um die Lebensumstände des anderen tritt am Arbeitsplatz noch die Kenntnis von den jeweiligen Arbeitsaufgaben – und nach Möglichkeit auch von deren speziellen Chancen oder Schwierigkeiten für die damit Betrauten. Rückfragen wie: „Na, wie weit sind Sie jetzt?" dürfen erkennbar nicht der Kontrolle dienen (dazu ist das Berichtswesen da), sondern der Demonstration von Vertrautheit mit dem anderen und mit dem, was er tut. Ein (nur) Leitender würde fordern: „Berichten Sie mir morgen um 12.00 Uhr über den Stand der Arbeiten, speziell zu XYZ." Der Führende gibt von vornherein zu verstehen, daß er über den Fortgang der Dinge weitgehend im Bilde ist, und fordert zu einem *Gespräch über die weitere Gestaltung* dieser Aufgabe auf. Dabei erfährt er mehr und vorbehaltlos selbst weniger geglückte Einzelheiten, als es jede Form der üblichen Berichterstattung ermöglicht.

Von den anderen her denken, sich auf die Sinn-Konzepte der anderen einstellen: nur so lassen sich auf längere Sicht tragfähige Arbeitsbeziehungen und sinnerfüllte Arbeitsbedingungen schaffen.

Die Versandabteilung leidet unter einem ‚Hysteriker', der übergenau und hinter allem und jedem hinterher ist und den lieben langen Tag herumschreit. Aber er ist auf seine Weise ein ‚Gedächtnisgenie' und Ordnungsfanatiker, denn als einziger in dem ganzen Betrieb hat er ohne Kartei oder Computer alle Auftragsnummer, auch die zurückliegenden, im Kopf. Er weiß auch als einziger ganz genau, wo etwas steht, abgelegt, ausgelagert und somit auch wiederzufinden ist, selbst wenn sich kein anderer mehr daran erinnern kann. „Ohne *den*? Ausgeschlossen!" – „Mit *dem*? Eine Strafe!" So setzt man sich zusammen, nachdem man den Stresser mit List und Tücke endlich zu einem Urlaub überredet hat, um das Problem – *sein* Problem – zu lösen. Wie werden *wir*, die Angehörigen der Versandabteilung, ihn los, ohne daß wir, als Angehörige des Unternehmens, auf ihn verzichten müßten. „Was schlagen Sie vor?" fragt der nächsthöhere Vorgesetzte, der mit den Versandmitarbeitern zusammen berät. „Weg muß er, sonst landen wir noch alle in der Klapsmühle!" Daran gibt es keinen Zweifel. „Wenn seine große Stärke darin liegt, den Warenfluß ab Produktion so genau im Kopf zu haben und wenn er den ganzen Tag herumzetert, weil die Lose so herumstehen, daß ständig das eine das andere behindert und die Auslieferung verzögert – warum machen wir ihn dann nicht zum Oberdisponenten, der für die gesamte Plazierung der Fertigung bis zur Verladerampe zuständig ist?" schlägt einer der Gabelstaplerfahrer vor. Der Chef sieht auf. Diesen Vorschlag hätte er von diesem Mann gar nicht erwartet. „Damit er nun auch noch in den Fertigungshallen herumbrüllt!" wirft ein anderer ein. „Ist es nicht schlimm genug, wenn er uns hier an den Rampen verrückt macht?" „Warum muß er denn herumbrüllen? Er soll disponieren, aber nicht plazieren! Plazieren müssen nach wie vor die Meister in der Halle. Von ihm kommen nur die Fertigungsbegleitpapiere, die genaue Lageranweisung und die Versandvorschriften –" „Dann ist er aber den ganzen Tag an seinem Schreibtisch festgenagelt..., und ob ihm das gefällt?" „Genau dort gehört er hin, da kann er sich mal von seiner besten Seite zeigen!" „Meint ihr wirklich, daß er hinter seinem Schreibtisch sitzen bleibt und nicht alle fünf Minuten wie ein Hofhund aus der Hütte aus seinem Glaskasten hervorgeschossen kommt –?" „Er wird sitzen bleiben", sagt der Chef, „wir werden uns für ihn eine Dienstbezeichnung ausdenken, die gleichzeitig eine gewisse Beförderung darstellt – und wenn er *nicht* sitzen bleibt, ist es auch mit der Beförderung vorbei!" „Wissen Sie," sagte einer von denen, die unter dem Abwesenden gelitten haben, „im Grunde genommen ist er kein schlechter Kerl. Als ich im letzten Jahr keine Urlaubsvertretung bekommen habe, hat er für mich drei Wochen lang den Gabelstapler gefahren..."

Von den anderen her denken: „Am Fließband", sagt mir ein Meister, „glaubt man immer, daß mit Führung nichts zu machen sei. Ich meine, doch. Ich habe mich einmal bei meiner Sechsergruppen, zwei Männern und vier Frauen, vorsichtig danach erkundigt, wie sie's wohl lieber hätten – ohne daß ich an der Arbeit selbst irgend etwas ändern konnte. Als erstes wollten zwei, daß ihnen die Handgriffe noch einmal, möglichst wenn niemand dabei zuguckte, in aller Ruhe vorgemacht wurden. Sie wollten einmal üben, wenn das Band nicht lief. Na ja, wir haben das irgendwie hingekriegt. Dann wollte die Frau X möglichst nicht neben der Frau Y sitzen, aber die Y sollte nicht erfahren, daß die X das so wollte. Andererseits hätten die beiden Türkinnen gern nebeneinander gesessen, damit sie sich mal helfen konnten, wie sie sagten, natürlich nur, um ungestört türkisch zu reden. Meinetwegen, obwohl ich die eine Türkin, die nämlich sehr schnell ist, lieber vorn neben die Männer gesetzt hätte, die ziemlich langsam sind. Ein Guter kann zwei Schwache ganz schön mitreißen." „Wie haben Sie denn den einen der Männer, der immer sehr nachgehinkt hat, überhaupt dazu gekriegt, sein Soll jetzt zu erfüllen?" „Tja, der hat sich immer selbst im Wege gestanden, weil er doch früher einen ganz anderen Beruf gehabt hat. Der hat immer geglaubt, daß er eine solche Arbeit gar nicht können *dürfte*. Aber ich habe ihm klargemacht, gerade *er* würde damit noch spielend zurechtkommen, das sei er schon *sich selber* und seiner früheren Qualifikation schuldig." „ Wer hat Sie denn darauf gebracht? Schütteln Sie das nur so aus dem Ärmel?" „Jetzt vielleicht, früher sicher nicht. Aber wir haben vor einigen Monaten einmal eine Schulung mitgemacht, bei der wir darüber gesprochen haben, wie man die Arbeitsprobleme seiner Mitarbeiter löst, indem man sie zunächst mit den Augen dieser Mitarbeiter sieht…"

In demselben Unternehmen hatte sich das Mittlere Mangement zunächst sehr geziert, an einem Führungsseminar teilzunehmen – „so was kann man schließlich." Aber als dann das Untere Management, die Meister, Schichtleiter und Vorarbeiter, diese Schulung absolviert hatten, waren ihre Vorgesetzten der Meinung, daß man eigentlich *mit ihnen* hätte anfangen müssen. Wie recht sie hatten.

An dem soeben Dargestellten sollte uns weniger interessieren, was die einzelnen *gemacht,* sondern wie sie *gedacht* haben:

Führen als permanente Aufgabe, als ein Sich-um-den-anderen-Kümmern , als Anteilnahme an seinem persönlichen Geschick wie an seinen Arbeitsaufgaben, Führen als ein Problemlösen mit den anderen und für die anderen und nach Möglichkeit nie gegen einen anderen. Dahinterkommen, wie es um die Lebens- und Berufserwartungen der anderen steht, sich fragen, was man dazu beitragen kann, diese Erwartungen im Rahmen jener Arbeitsbeziehungen zu erfüllen, die Gegenstand des Arbeitsvertrages sind.

Nicht von ungefähr ist das Begriffsverständnis von ‚Leistung', wie wir es vorn dargestellt hatten, zu einem bloßen Synonym für ‚Output' verkommen. Es ist deshalb nicht verwunderlich, daß ausgerechnet die Betriebs*wirtschaft* sich nun auch des ‚Faktors Arbeit' dahingehend angenommen hat, daß sie sich um die Optimierungsbedingungen der Arbeits-Effizienz bemüht, nachdem sich die Arbeitspsychologie weitgehend in arbeitsergonomischen Untersuchungen erschöpft hat und die Motivationspsychologie seit eh und je um die Steigerung von Leistung unter Ausklammerung des Sinns ringt.

Bei keiner noch so einfallsreich angelegten Untersuchung über die Möglichkeit einer Motivation – sprich Leistungssteigerung – wurde je die Frage aufgeworfen, ob die Untersuchungspersonen – unter Labor- wie unter Realbedingungen – die jeweilige Tätigkeit überhaupt *für sinnvoll angesehen* haben. Dabei treten die Untersuchungsbedingungen nicht selten selbst schon als Motivationsfaktor in Erscheinung.

Bei der berühmt gewordenen Mayo-Untersuchung in den zwanziger Jahren hatte eine Gruppe von Frauen, die in dem untersuchten Unternehmen als Kontrollgruppe, also ohne besondere Veränderung der Arbeitsbedingungen, fungierte, plötzlich eine bemerkenswerte Steigerung ihrer Arbeitsergebnisse gezeigt. Man hat daraus geschlossen, daß allein die Tatsache, im Mittelpunkt des wissenschaftlichen und damit auch des betrieblichen Interesses zu stehen, schon zu einer ‚Leistungssteigerung' ausreiche. Daran ist sicher richtig, daß eine solche allgemeine Aufmerksamkeit eine Gruppe schon zu einem größeren Ausstoß animieren kann: *wenn* die anderen schon auf einen sehen, *dann* will man auch zeigen, was man kann. Nur hört nach dem Angestarrtwerden die Motivation auch wieder auf. Zur Antwort auf die Frage, wie die Arbeitsbedingungen in sich so zu gestalten wären, daß (auch ohne Anstarren allerseits) die ‚Leistung' gesteigert werden könne, hat diese Untersuchung wenig beigetragen.

Wir haben allen Bemühungen um die (sicher notwendige!) Verbesserung der arbeits-ergonomischen, -ökologischen wie -ökonomischen Bedingungen stets die These zur Seite gestellt: W*er Leistung fordert, muß Sinn bieten* (siehe Seite 187) Das gilt sogar dann, wenn man ‚Leistung' immer noch als fremdbestimmten verstärkten Output mißversteht und noch gar nicht einmal auf das „freiwillige Erbringen von Ergebnissen nach selbst gesetzten Maßstäben und im Kampf gegen die eigene Schwäche" begreift. Selbst in einem üblichen Arbeitsprozeß, der wenig Begeisterndes an sich hat, das vielleicht zu echtem Leistungshandeln herausforderte, muß wenigstens das Gefühl vorherrschen, daß die Arbeit unter persönlich sinnvollen Bedingungen abläuft: daß die Vorgesetzten- und Kollegenkontakte erfreulich sind; daß es nicht an der nötigen Anerkennung fehlt, die um so wichtiger ist, je weniger die Tätigkeit an sich Arbeitsfreude vermittelt; daß man durch die Arbeit nicht abstumpft, sondern eher noch etwas dazulernt; daß man auch im Hinblick auf die persönlichen Chancen nicht auf einem verlorenen Posten steht, sondern die Möglichkeit hat, in seiner Arbeit oder durch seine Arbeit weiterzukommen – kurzum, daß alles das als *Möglichkeit* in dieser Arbeit liegt – und von einer verständnisvollen Führung auch als Herausforderung *angeboten* wird –, was jemand nach seinem persönlichem Sinn-Verständnis als Voraussetzung für eine subjektiv sinnvolle Tätigkeit für notwendig erachtet – und das bei aller objektiv unbeeinträchtigten Zielvorgabe des Leitungssektors.

Dieses persönliche Sinn-Konzept des Mitarbeiters – wie es im einzelnen auch aussehen mag – muß immer Ausgangspunkt des Führungsdenkens sein und kann durch keine andere ‚Modell'-Vorstellung ersetzt werden.

Teil IV:

Über Sinn und Gewinn im unternehmerischen und individuellen Denken

1. Gewinn ist sinn-orientiert

Können Sie sich an Goethes ‚Faust' erinnern? „Im Anfang war das Wort…am Anfang war die Tat…" Aber hinter oder über diesen Begriffen steht noch der SINN: denn wenn ein Wort keinen Sinn hat, dann ist es eine bloße Lautäußerung, und wenn eine Tat keinen Sinn hat, dann handelt es sich um ein bloßes Getue… AM ANFANG STAND DER SINN. Es ist deshalb keineswegs ‚weit hergeholt', wenn die vorliegenden Überlegungen auf dem Sinn-Verständnis aufbauen, das für alle Lebensbereiche gilt.

Aus diesem Grunde sind wir anfangs auch von dem Unterschied zwischen Sinn und Zweck ausgegangen, der insbesondere für lebende Systeme grundlegend ist, und wir hatten dann wirtschaftliche Unternehmen als ‚soziale Systeme' identifiziert, die mit den ihnen übergeordneten Systemen durch ihren SINN, nämlich eine Dienstleistung, verbunden sind. Alle sozialen Systeme hängen auf diese Weise zusammen (siehe Abbildung 6): nach außen mit übergeordneten Systemen, nach innen mit untergeordneten (Sub=)Systemen. Dienstleistung ist dabei sowohl der SINN der ‚Systeme' wie die Voraussetzung ihres systematischen Zusammenhangs untereinander. Findet eine solche Dienstleistung nicht statt, gibt es zwar noch Institutionen aller Art, aber keinen systematischen Zusammenhang mehr zwischen ihnen.

Der Begriff ‚System' ist eine terminologische Übernahme aus der Biologie und bringt zum Ausdruck, daß es sich um eine Konstellation von Eigenschafen und Fähigkeiten handelt, die man geradezu bio-analog nennen könnte (siehe Seite 187).

Ein solches System kann sich entwickeln, wachsen, untergehen, mit anderen fusionieren und andere in sich aufnehmen, übernehmen – aber es kann auch Subsysteme bilden und sich gegebenenfalls über solche Subsysteme vermehren. Wachstum heißt dabei keinesfalls nur ‚immer größer werden', sondern auch sich ausdehnen und sich zusammenziehen, größer werden und schrumpfen können. Ein Handwerksunternehmen dehnt sich dann aus, wenn der Geselle zusammen mit einem Azubi *ohne* den Meister Aufträge durchführt, und der Betrieb schrumpft dann wieder, wenn es heißt, „der Chef kommt selbst". Was für den Kleinbetrieb noch ganz selbstverständlich ist, sollte auch für größere Unternehmen nicht als geschäftsschädigend gelten. Viel gefährlicher ist die Autosuggestion, immer *größer werden zu müssen.* Eine der typischsten Eigenschaften bio-analoger Systeme besteht darin, selbständige Subsysteme bilden zu können. Bei einem Baum sind das neue Zweige und Blätter, bei einem Unternehmen neue Bereiche, Abteilungen, Filialen, Tochterfirmen und anderes mehr, und ‚Gesundschrumpfenkönnen' gehört ebenfalls zum Repertoire sinnvoll geleiteter Unternehmen.

Das bio-analoge (soziale) System hat nicht zuletzt den Sinn, mit anderen Systemen sinnvolle *Beziehungen einzugehen,* bei denen die so miteinander verbundenen Systeme aufeinander angewiesen sind: ohne nationale (Volks-)Wirtschaften hätte es keinen Zusammenschluß zu einer EG gegeben, einigermaßen große Unternehmen müssen sich in arbeitsteilige Subsysteme untergliedern (Unternehmensbereiche) – und alle sind darauf angewiesen, daß ihre Dienstleistung von den übergeordneten Systemen auch honoriert wird: ihr Angebot wird erst durch entsprechende Nachfrage *sinnvoll.*

Dieser *systematische* Zusammenhang begründet auch die vorliegende Aussage, *Gewinn ist sinn-orientiert,* mit anderen Worten: Nur *im Unternehmenssinn* sinnvolle Gewinne sind überhaupt Gewinne. Die folgende Diskussion der einzelnen Gewinn-Arten oder Möglichkeiten zeigt, daß es durchaus auch Zuwächse geben kann, die für andere – aber nicht für das System „Unternehmen" – sinnvoll sind.

162

2. Das Unternehmen und seine Gewinne

Im folgenden wollen wir uns ausschließlich mit dem sozialen System „Unternehmen" und mit der Rolle des einzelnen in der Wirtschaft oder in einem Unternehmen beschäftigen (siehe Abbildung 6). Unter Gewinn wollen wir (siehe Abbildung 7) alle möglichen Formen von *Zuwächsen* verstehen, sofern sie dazu dienen, die *Dienstleistungsfähigkeit* und damit die *Überlebensfähigkeit* des Unternehmens oder des einzelnen zu verstärken.

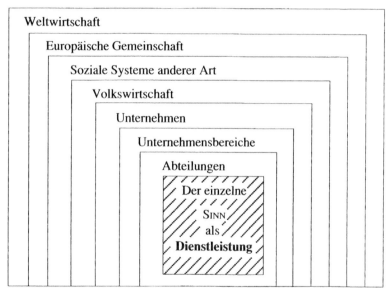

Abbildung 6: Der einzelne und das Unternehmen –
Einbettung in soziale Systeme

Im Unterschied zu einer im engeren Sinne betriebswirtschaftlichen Gewinn-Ermittlung umfaßt eine sinn-orientierte (systematische) Erfassung der Gewinn-Möglichkeiten eine ganze Reihe von finanziell nicht oder nur annäherungsweise einzustufender Parameter, die nichtsdestoweniger von großer kommerzieller Bedeutung sind. Darüber hinaus erweist sich

‚der' Gewinn als ein höchst komplexes und in sich differenziertes Ge-
flecht aus unterschiedlichen Zuwächsen, die aufeinander unterschiedlich
einwirken können:

Zuwächse können sich untereinander verstärken,
sie können sich gegenseitig abschwächen
und sogar ganz paralysieren,
und sie können sich untereinander neutral verhalten.

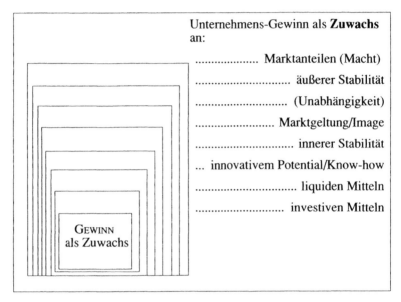

Unternehmens-Gewinn als **Zuwachs**
an:

.... Marktanteilen (Macht)

.... äußerer Stabilität

.... (Unabhängigkeit)

.... Marktgeltung/Image

.... innerer Stabilität

... innovativem Potential/Know-how

.... liquiden Mitteln

.... investiven Mitteln

GEWINN
als Zuwachs

Abbildung 7: Unternehmens-Gewinn

Zuwächse an echten, nicht kreditierten, *liquiden wie investiven* Mitteln
rechnen üblicherweise zur Gewinnseite. Dabei ist jedoch zu bedenken,
daß letztere möglichst auf der Linie zukunftsorientierter Planung liegen
und nicht nur der Konsolidierung traditioneller Marktstrategien dienen
sollten. Unabhängig davon verstärken liquide Mittel alle anderen Zuwächse.

Geht man von der Überlebensfähigkeit eines Unternehmens aus, so sind
die *innovativen Potentiale,* das Know-how an zukunftsorientierten wis-
senschaftlich-technischen Fähigkeiten, wesentlich höher einzuschätzen

164

als der Kassenstand an liquiden Mitteln. Die heute zunehmende Bedeutung des Joint-Venture-Kapitals macht deutlich, wie hoch produktiv *begründete* Möglichkeiten eingeschätzt werden; selbst Banken sind in dieser Beziehung bereits in Grenzen bereit, von den früher üblichen Sicherheiten abzusehen, wie überhaupt der Charakter finanzieller Mittel als *mietbar* immer stärker in das Bewußtsein tritt.

Der Markt honoriert *zuerst denjenigen, der eine neue Dienstleistung erbringt,* und dann erst die anderen, die alte Dienstleistungen lediglich verbessern.

Der biologischen wie der ökonomischen Evolution sind diejenigen Produkte oder Dienstleistungen wichtiger, die der Weiterentwicklung dienen und nicht nur der Aufrechterhaltung des Bestehenden. Der Evolution wie dem Markt ist nicht an den Stabilisierungen und Standardisierungen, an der Erhaltung von Standorten, Standpunkten oder Besitzständen gelegen, sondern an Offenheit für Weiterentwicklung, und zwar in jeder Weise: wissenschaftlich, technisch, sozial und wirtschaftlich.

Eine Unternehmenssturktur, die gezielt auf Innovation ausgerichtet ist, hat deshalb – bei Betrachtung eines genügend großen Zeitraumes – die größere Chance zu überleben, ganz gleich, wie sehr sich auch die unternehmensinternen Zwecke verändern müssen und damit auch das jeweilige Angebot – solange nur der Unternehmenssinn gewahrt bleibt: eine von der Umwelt honorierte Dienstleistung.

Auf Innovation ausgerichtete Unternehmen sind auf qualitativen (nicht auf Verdrängungs-)Wettbewerb eingestellt. Sie sind spezialisiert. Ihre Spezialität ist jedoch nicht das Verfeinern des Bestehenden, sondern das Immer-offen-Sein für das Kommende. Das erfordert den Zwang zur immerwährenden Weiterbildung *im* Unternehmen wie *des* Unternehmens, den wachen Sinn für Bedarfslücken und deren Befriedigung in Angebotsnischen. Letztere werden nur für diejenigen zur Sackgasse, die nicht offen für die Zukunft bleiben.

SINN heißt immer offen sein für Innovationen. Sinn kann nie auf Rückschritt, nicht einmal auf Beharren gerichtet sein. Aber Sinn heißt auch ein sinnvolles Verhältnis zur Zeit haben, den richtigen Zeitpunkt für das Innovative abzupassen, dann, ‚wenn die Zeit reif ist' – wie überhaupt, die Entwicklung nicht zu verpassen. Das gilt für die Reifung der Feldfrüchte im Sommer wie für das Reifen einer Idee – wie die Idee der Liebe am Ausgang der Antike und der Sklavenwirtschaft wie für die Idee der auto-

mobilen Fortbewegung im Zeitalter der technisierten Massengesell-
schaft, vielleicht auch für die Idee des Friedens in einer Zeit, in der Kriege weder ökologisch noch ökonomisch mehr zu führen sind.

Jede physische wie geistige ‚Geburt' ist eine Dienstleistung am Leben.
Archimedes würde staunen, wie sich seine (damals – aus unserer heutigen Sicht – verfrühte) Idee vom Dampftopf 2000 Jahre später zur Reife
der Dampfmaschine entwickelt hat; Anaxagoras und Demokrit, die Denker des Atoms, wären sprachlos angesichts dessen, was aus ihrem Denkansatz geworden ist: aus einem Konstrukt wurde eine Entdeckung. Und
Platon würde sich ins Fäustchen lachen, weil gerade heute wieder die
Physik mehr ihm und seinen ‚Ideen' zuneigt als den Teilchen-Theore-
tikern aller Zeiten.

Sinn-Verständnis als das tiefere Verständnis allgemeiner ganzheitlicher
Zusammenhänge in der Gesellschaft, in der Wirtschaft wie im persönlichen Leben, ist konkret anwendbarer Erkenntnisgewinn, und dieser hat
schon immer den höchsten Einsatz gerechtfertigt.
In der Bibel setzten unsere mythischen Stammeltern Adam und Eva um
der Erkenntnis willen das ganze Paradies einschließlich ihrer dortigen
Altersversorgung aufs Spiel, und Odin, dem Allvater unserer Urvätersa-
ga, war Erkenntnisgewinn ein Auge wert. Uns wird es heute nicht viel
leichter gemacht. Auch wir müssen uns immer wieder aus sogenannten
Paradiesen des Wohlfahrtsstaates, der ideologie-abgesicherten Risiko-
losigkeit im politischen Denken und des stumpfsinnigen Verbrauchs-
Denken vertreiben lassen, um neue Ufer der Selbstverantwortlichkeit,
der allgemeinen Dienstleistungsverpflichtung und der geistigen Vor-
wärtsstrategie zu gewinnen.
Eine sinnvoll handelnde Unternehmensleitung muß das Unternehmen in-
novativ wie ein sich selbst steuerndes und sich selbst erhaltendes System
in eine auf gegenseitiges Geben und Nehmen und nicht auf gegenseitige
Ausbeutung angelegte Gesellschaft integrieren. Das bedeutet, bei der
Planung des eigenen Nutzens auch den Nutzen der anderen, der Kunden,
der Mitarbeiter wie der Umwelt ganz allgemein, mitzuplanen und einzu-
kalkulieren – denn SINN IST IMMER AUCH DER SINN DER ANDEREN.

Das ist das innovative Denken in unserer Zeit. Es ist ein Mißverständnis
zu glauben, wir müßten uns wie Wölfe benehmen, bloß weil die Wölfe
(auch unter uns) noch immer nicht ausgestorben sind.

Die *innere Stabilität* eines Unternehmens, also das Verhältnis zwischen Unternehmensleitung und den Mitarbeitern, nicht zuletzt auch die Beziehungen zum Betriebsrat, die Anfälligkeit oder Unanfälligkeit des Unternehmens gegenüber inneren Krisen (Betriebsklima, Konkurrenz am Arbeitsplatz, Folgen eines verfehlten Führungsverhaltens) gehören mit zu jenen Gewinnen, auf die ein Unternehmen hinarbeiten muß, will es seiner Dienstleistungsverpflichtung gegenüber der Öffentlichkeit auch in schwierigen Zeiten gerecht werden.
Innere Stabilität verstärkt jeden weiteren sonstigen Zuwachs.

Demgegenüber ist die *äußere Stabilität*, die Unabhängigkeit des Unternehmens von ökonomischen Beeinträchtigungen, eine Bedingung, die von vielerlei Ursachen abhängig sein mag: Einmal kann man in finanziellen Rücklagen ein Element der Unabhängigkeit sehen, nicht zuletzt aber auch in einer starken Stellung auf dem Markt; andererseits kann eine Anlehnung an größere wirtschaftliche Einheiten oder die Beteiligung von Aktionären äußere Stabilität bewirken, wenngleich auch nicht unbedingt die Unabhängigkeit des Managements. Äußere Unabhängigkeit darf jedoch nicht zum Fetisch werden, wie das oft bei Familienunternehmen der Fall ist.

Sinn-Orientierung heißt in dieser Hinsicht vor allem Orientierung auf die Dienstleistungsaufgabe und deren Stabilität hin, das Unternehmen als offenes soziales System (offen für jegliche Weiterentwicklung), stabil im Überlebenskampf und nicht Unverrückbarkeit der Traditionen und Positionen bis an das Ende aller Tage.
Äußere Stabilität kann sowohl verstärkend als auch neutral auf andere Zuwächse wirken.

Natürlich hängt die *Marktgeltung* mitunter auch von der erkennbaren äußeren Stabilität ab, mehr jedoch von der Angebotsqualität, hinter der wieder das Know-how steht. Marktgeltung und Marktwert stehen also in einer unmittelbaren Wechselbeziehung miteinander. So schreibt auch Klaus Linneweh in seinem Buch „Kreatives Denken": „Der Erfolg eines Produktes ist nicht sein technologischer, ästhetischer oder wirtschaftlicher Selbstzweck, sondern sein Marktwert." Gerade aber die Marktgeltung, um derentwillen manche Firmenpolitik seltsame Haken schlägt, wird durch die Aktionen bestimmter Verantwortungsträger konterkariert, deren persönliches Macht- und Erwerbsstreben nicht selten die Marktgeltung des Unternehmens beeinträchtigt und somit die Überlebensfähigkeit des Systems in Frage stellt: Neue Heimat, Gerling Bank, VW – die Liste ließe sich beliebig verlängern.

Das *persönliche Gewinnstreben* des einzelnen im Unternehmen und das Gewinnstreben des Unternehmens – produktiv eingebunden ein durchaus motivierendes Element – können sich gegenseitig auch erheblich beeinträchtigen. Ihre Koordinierung ist demnach herausragende FÜHRUNGS-aufgabe der Geschäftsleitung. In diesem Zusammenhang ist auch auf die häufige Diskrepanz zwischen ‚Erfolgstüchtigkeit' und ‚Leistungstüchtigkeit' hinzuweisen, auf die der Soziologe Gustav Ichheiser schon vor über einem halben Jahrhundert aufmerksam gemacht hat. Unter ‚Leistungstüchtigkeit' versteht Ichheiser die Tüchtigkeit, die aus der tatsächlichen Leistung spricht, während er mit ‚Erfolgstüchtigkeit' die Fähigkeit meint, aus einer Sache mehr zu machen, als sie verdient. Es unterliegt keinem Zweifel, daß Marktgeltung nicht selten mehr ein Produkt der Erfolgstüchtigkeit als der Leistungstüchtigkeit eines Unternehmens ist. Sinnvoll ist letztere sicher nicht, aber sie kann (vorübergehend) gewissen Zwecken dienen.

Marktanteile und damit Macht (der Monopolisten wie der großen Vertriebsorganisationen mit ihren oft erpresserischen Methoden der Konditions,vereinbarung') sind häufig das Hauptziel, das sich Unternehmensleitungen setzen, nicht nur aus Eitelkeit, Marktführer in diesem oder jenem Marktsegment sein zu wollen, sondern aus einem verqueren Sicherheitsdenken, weil man Marktanteile mit Sicherheit am Markt verwechselt. Gegen einen hohen Marktanteil ist gar nichts zu sagen, wenn er sich als *Folge* einer klugen Angebotspolitik ergibt und es sich finanziell lohnt. Für Marktanteile gilt jedoch dasselbe wie für den Erfolg: man sollte beide nicht er-zielen wollen (beim Erfolg geht das ohnehin nicht), sie müssen er-folgen.

Starrt man wie gebannt vor allem auf Marktanteile, läuft man Gefahr, wesentliche andere Aspekte der Unternehmensentwicklung aus den Augen zu verlieren: Produkt-Neuentwicklungen, Veränderungen bei den Produktionsmethoden, Konkurrenzverhalten auf anderen Märkten und anderes mehr. Unternehmensleitungen müssen hundert Augen haben. *Haben sie diese,* können fünf davon durchaus auf Marktanteile starren:

Volkswagen-Chef Hahn: Wir haben durchaus auch in der Vergangenheit die Produktivität schon verbessert.

DER SPIEGEL: Offenbar war das aber nicht genug.
Hahn: Auch uns reicht das noch nicht. Aber wir wollten vor allem erst einmal ein Maximum am Markt besetzen. Nun können wir uns darüber unterhalten, wie es weitergehen soll.
DER SPIEGEL: Sie waren voll damit ausgelastet, Marktanteile zu erobern?
Hahn: Es wäre selbstverständlich ideal gewesen, Marktanteile zu erobern und gleichzeitig andere Aufgaben zu lösen. Aber das war nicht möglich...

Überflüssig zu sagen, daß Marktanteile eine relative Größe sind und nichts so peinlich ist, wie wenn der Marktführer, was alle Augenblicke vorkommt, von irgendeinem Konkurrenten überrundet wird und dies in allen Zeitungen steht. ‚Hohe Marktanteile' sind nicht identisch mit gewinnträchtigen großen Umsätzen; letztere sind sinnvoll, weil überlebenswichtig, erste *können* es mitunter sein.

Hohe Marktanteile verstärken gegebenenfalls die Marktgeltung und – sofern gleichbedeutend mit hohen Erlösen – auch den Zuwachs an liquiden oder anderen Mitteln; unter Umständen sind sie aber auch nur für anderweitige Zuwächse von neutraler Bedeutung und, wenn sie mit zu geringen Erlösen erkauft sind, eine Belastung.

Zusammenfassend läßt sich sagen, daß es kaum einen Gewinn-Aspekt gibt, der nicht mit anderen zusammenhängt, und daß man den Begriff ‚Gewinn' – wie es hier vorgeschlagen wird – gar nicht umfassend genug definieren kann. Dann nämlich erhält auch das zuvor spezifiziert dargestellte Denken seinen entsprechenden Stellenwert: das strategische wie das taktische Denken bekommen durch eine Sinn-Gewinn-Orientierung von vornherein eine (bezüglich der Zeitdimension) viel tiefere und (bezüglich der Problem-Dimension) eine viel breitere Perspektive. Kein Zuwachs läßt sich allein und ohne den Zusammenhang mit anderen als Gewinn an Überlebensfähigkeit einschätzen; die Verstärkung der liquiden wie der investiven Mittel allein besagt noch wenig (wie oft sind bei letzteren hausinterne Machtprobleme und Eitelkeiten mit im Spiel); Knowhow, innere Stabilität und investive Mittel stehen in einem ganz engen Zusammenhang (wenn die Erfahrenen und die innovativen Spitzenkräfte nicht gehalten werden können, nutzen die besten technischen Anlagen nichts); ein Image ist mit einer spektakulären Unterschlagungsaffäre oder Umweltkatastrophe nachhaltig geschädigt. Monatelange Streiks oder Demonstrationen sind nicht nur das Zeichen für die Strukturschwäche einer

Region (Ruhrgebiet), sondern auch das Zeichen dafür, das das Sinn-Verständnis unternehmerischen Handelns schon seit langem auf der Strecke gedankenloser Branchenversessenheit geblieben ist; in solchen Fällen wird es bereits als ‚Gewinn' angesehen, wenn man sich wieder einmal kurzfristig mit der Auflösung von Reserven, mit Schulden, Werksstillegungen und Fusionen über die nächste Runde gebracht hat, obwohl der technische K. o. bereits angesagt ist.

Sinn-Orientierung des sozialen Systems „Unternehmen" stellt die *Überlebensfähigkeit des Systems* – und das sind in erster Linie Menschen und nicht eine papierne Bilanz oder ein Firmen-Mantel – über jede andere Ausdrucksform des unternehmerischen Denkens, sei es als Bindung an eine angestammte Technologie oder die regionale Verfügung über Grundstoffreserven, die nur am Tropf marktfremder Subventionen („Jahrhundertvertrag") mobilisiert werden können. In einem solchen Fall kann das wirtschafts- und unternehmens-strategische Denken von wahltaktischen Überlegungen völlig verdunkelt werden, und man müßte eigentlich an den logischen Fähigkeiten der Beteiligten zweifeln. Die entscheidende Frage ist doch vielmehr: Betrachtet man ein Unternehmen als technisches Aggregat mit auswechselbarem Personal und somit die Belegschaften als jene ‚industrielle Reservearmee', auf deren Rücken nach Auffassung von Karl Marx Marktschwankungen wie Managementfehlentscheidungen reguliert werden, oder gewöhnt man sich daran, Unternehmen als Arbeits- und Lebens-Gemeinschaften mit, falls erforderlich, auswechselbarer Technologie und somit auch veränderter Dienstleistung zu sehen? Wäre letzteres nämlich der Fall, müßte man ganz andere *strategische Überlegungen* anstellen; man hätte sein Augenmerk nicht auf wahltaktisch relevante Vollbeschäftigung zu richten (die man subventionieren kann), sondern vor allem auf die unveränderte Dienstleistungsfähigkeit der Systeme, deren viel sichere *Folge* dann Vollbeschäftigung ist. Diese Überlegungen müssen völlig unabhängig von jeglichen branchen-traditionellen Denkgewohnheiten (nicht nur des Managements, sondern auch der Belegschaften!) stattfinden, die ihrer Industrie in unveränderter Form offenbar Ewigkeitscharakter beimessen. Die strategische Frage muß zunächst einmal scheinbar Komplexes ausdifferenzieren. Sie kann beispielsweise doch nicht lauten: wie kann man unverändert Stahl, und zwar in gewissen Mindestmengen und zu Mindestpreisen und von einer bestimmten Region aus mit allen Transport- und sonstigen Kostenproblemen anbieten, sondern: womit kann man solche Umsätze und mit welchen Erlösen erzielen, um die soundso viele tausend Arbeiter weiterzubeschäftigen? ‚Stahl' und ‚Beschäftigung' sind zunächst einmal getrennt und hierarchisch auf unterschiedlichen Ebenen zu sehen, und es sind Lösungen zu suchen, die jedes Problem für sich angehen und nicht die eine Lösung durch die Bindung an die andere zunichte machen. Dasselbe betrifft als Denkbeispiel die „nationale Energiereserve Kohle".

Den *Zugang* zu ihr auch für die Zukunft zu erhalten, ist das eine Problem, das ganz andere ist die *Beschäftigung* der Bergleute. Es ist nicht ausgeschlossen, daß eines Tages die Kohle als Grundstoff für heute noch unbekannte Anwendungsbereiche entdeckt wird (die überragende Rolle des Siliziums hat vor fünfundzwanzig Jahren auch niemand für möglich gehalten). Nach wirtschaftlichen Sinn-Gesichtspunkten ist es falsches strategisches Denken, wenn man danach fragt, unter welchen Subventionsbedingungen immer noch Kohle *gefördert* werden kann, anstatt lediglich zukünftige (wieder erweiterte) Förderungsmöglichkeiten technisch offen zu halten.

Ein strategisches Denken ganz anderer Art hat sich dann auf die menschlich und wirtschaftlich sinnvolle Nutzung des Arbeitspotentials zu richten. Wenn man sich aber gar nicht die Mühe macht, den Sinn des einen (die Erhaltung der *Kohle*) von dem Sinn des anderen (die Aufrechterhaltung einer *Beschäftigung*) zu trennen, dann kann es doch nur zu Lösungen kommen, bei denen die eine die andere ausschließt.

In der Landwirtschaft ist es in Europa wie in den USA nicht anders. Die amerikanische Landwirtschaft wird unter der Schutzherrschaft des Senats jährlich mit 27 Milliarden Dollar subventioniert, und zwar, wie Lester C. Thurow[29], ein renommierter Volkswirtschaftsprofessor am Massachusetts Institute of Technology ausgeführt hat, um der jeweils zwei Senatoren willen, die von den vielen bevölkerungsschwachen landwirtschaftlich bestimmten Bundesstaaten in diesen Senat geschickt werden: „Die Agrar-Subventionen werden solange nicht verschwinden, wie niemand die amerikanische Verfassung ändert." Auch in der Bundesrepublik ist man an einer soziologisch in einer ganz bestimmten Weise strukturierten – weil nur in dieser Form wahltaktisch relevanten – ‚Bauern'schaft, aber nicht an einer ökonomisch arbeitenden ‚Land'-Wirtschaft interessiert, wie wir an anderer Stelle bereits ausgeführt hatten.

Wir wollten nach dem Gewinn fragen: Wenn eine Dienstleistung (wie in den hier als Beispiel genannten Branchen) im bisherigen Umfang von der Umwelt nicht mehr honoriert wird, muß man davon ausgehen, daß die Systeme selbst ihren Sinn verloren haben. Bei einer Subventionierung findet die Dienstleistung nur noch gegenüber dem Subventionierten, aber nicht mehr gegenüber den übergeordneten System statt. Aber sinnlos gewordene Systeme können auch keine sinnvollen Gewinne machen.

3. Der einzelne und seine Gewinne

Unser systematisches bio-analoges Denken (das soziale System als bio-
analoges Konstrukt) hat zwangsläufig zur Folge, daß auch die Gewinn-
Definition im individuellen Handeln nicht allzu weit weg von dem sein
kann, was Gewinn für ein Unternehmen bedeutet. So können wir quasi
analog verzeichnen:

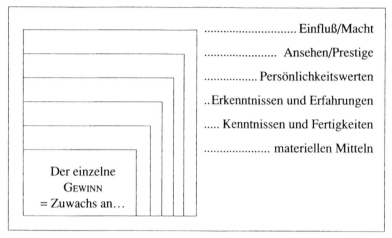

.... Einfluß/Macht

.... Ansehen/Prestige

.... Persönlichkeitswerten

..Erkenntnissen und Erfahrungen

...... Kenntnissen und Fertigkeiten

.... materiellen Mitteln

Der einzelne
GEWINN
= Zuwachs an...

Abbildung 8: Die Bedeutung von Gewinn

Auch das Individuum „nimmt zu an Alter, Weisheit und Verstand" (Bibel), aber „was hülfe es dem Menschen, wenn er die ganze Welt gewön-
ne und nähme doch Schaden an seiner Seele" (Luther). In diesen beiden
Aussagen steckt die ganze Erfahrung eines Lebens: Alterung ist unab-
wendbar und kein Verdienst, die Zunahme an Weisheit nennen wir Erfahrung einschließlich der daraus zu ziehenden Schlußfolgerungen; Verstand oder Vernunft, Ratio, zielen auf die Anwendung des logischen
Denkens ab, und Schaden an der Seele würden wir heute, von frommе-
ren Interpretationen einmal abgesehen, als Charakterfehler bezeichnen,
Ausbleiben oder Retardierung der Persönlichkeitsentwicklung. Schauen
wir auf Abbildung 8, so werden wir dort Entsprechendes finden und zusätzlich noch einiges, was das Leben in einer Wirtschaftsgesellschaft
kennzeichnet.

173

Hatten wir als Sinn des sozialen Systems „Unternehmen" Dienstleistung in der Verbindung mit den übergeordneten Systemen erkannt, so liegt auch der Sinn des einzelnen Individuums in den Charakteristiken seiner sozialen Einbettung, die ein gegenseitiges Geben und Nehmen bedingen. Daß wir damit den einzelnen keiner kollektivistischen Ordnung unterwerfen („Du bist nichts, dein Volk ist alles" oder „Die Partei hat immer recht"), versteht sich von selbst. Unser bio-analoges Sinn-Denken hat ja deutlich gemacht, daß soziale Systeme nicht aus gleichgeschalteten uniformen Elementen bestehen können, sondern aus unterschiedlichen Individuen bestehen müssen, deren Überleben die Voraussetzung für ihre Dienstleistung gegenüber den übergeordneten sozialen Systemen ist.

Je mehr ein Individuum in eine Gemeinschaft – ob Familie oder Unternehmen – hineinwächst, um so mehr ist es notwendig, daß sich seine Persönlichkeit in Richtung Sinnverwirklichung als Werteverwirklichung (Frankl) entwickelt. Die Werte, die Kleinkind-Erziehung, Sozialisation und Einübung in die Kultur (Enkulturation) vermitteln, stellen jeder für sich schon Gewinne dar, weil sie auf der einen Seite gemeinschafts(system-)stabilisierend sind und auf der anderen Seite den einzelnen erst gemeinschaftsfähig machen.

Auf *Zuwächse an Persönlichkeitswerten* (Zuverlässigkeit, Vertrauenswürdigkeit, Echtheit, Loyalität und nicht zuletzt auf ein sich mehr und mehr entwickelndes Verantwortungsbewußtsein) zielt nicht nur jede sinnvolle Pädagogik ab, sondern beruht auch die Rolle, die der einzelne in einem Unternehmen spielen kann und durch die sein individueller Beitrag zur Zweckerfüllung und Sinnverwirklichung im Unternehmen gekennzeichnet ist. Ein technisches Genie ohne Loyalität ist eine Gefahr für ein Unternehmen; eine intellektuelle Spitzenkraft ohne Verantwortungsbewußtsein richtet mehr Schaden an als eine Vielzahl von ehrlichen, aber nur mäßig begabten Funktionären; und ein Leitender mit allen intellektuellen und charakterlichen Begabungen, aber mit einer deutlichen Entscheidungsschwäche beschwört den Niedergang eines Unternehmens geradezu herauf.

Da soziale Systeme auf Menschen gegründet sind, ist die Frage nach dem Sinn des individuellen Daseins und nach dem Gewinn, den ein Mensch in diesem Dasein erstreben soll – und im Sinne aller auch muß – von fundamentaler Bedeutung. Dabei kann die Erziehung des Kindes und Jugendlichen nur *einen*, wenn auch wesentlichen Teil dieser Ausrichtung auf den Sinn leisten. Nicht minder wichtig – auf die Dauer des Lebens gesehen noch wichtiger – sind die konkreten Erfahrungen, die der einzelne mit diesen Werten in der Öffentlichkeit wie im Berufsleben macht. Jede Erfahrung einer Charakterlosigkeit, jeder Wortbruch, jeder Mangel an Zivilcourage, jede Untreue, ob gegenüber der Portokasse, einem Kollegen oder einem Vorgesetzten im Unternehmen, läßt das Wertebewußtsein der Zeitgenossen (zumindest in bezug auf die gesellschaftliche Gültigkeit dieser Werte) fragwürdig erscheinen, und die Unternehmen zerstören ihre eigene innere Stabilität, wenn sie auch nur den geringsten Verstoß verharmlosen, beschönigen, im ‚Wie-du-mir-so-ich-dir-Verfahren' aufrechnen oder im Sinne ihres Prestiges vertuschen. Wenn es möglich ist, daß ein ganzes Rudel von hochbezahlten Funktionären ‚persönliche Vorteile entgegennimmt' (so 1987/88 bei Nixdorf, VW, Herstadt), muß eine Geschäftsleitung befürchten, daß auch für andere Unregelmäßigkeiten Tür und Tor offenstehen. Lenin hat unrecht, wenn er sagt, daß Vertrauen gut, Kontrolle besser sei: Wo eine vertrauensvolle Führung versagt, kommt meist auch eine mißtrauische Kontrolle zu spät.

Ein Revisionsleiter, der aufgrund seiner Rechenkunststückchen als besonders clever galt, rügte mich vor Jahren einmal, daß ich in mühevollen Klagen vor Gericht zwar dafür sorge, daß das Unternehmen nicht von Lieferanten übervorteilt werde; dabei übersähe ich jedoch, daß die von mir eingeklagten Summen nur etwa ein Drittel dessen ausmachten, was die Firma aufgrund des Aufwandes meiner sorgfältigen Rechnungskontrollen an Skonti und Stabsleistungen einbüße.
Auf seine etatistische Denkweise hatte der Mann durchaus recht. Aber es gibt auch noch andere Gewinne als nur die Erlöse nach Steuern in der Kasse, und ein Unternehmen, das für eine ‚sorglose' Rechnungsbegleichung bekannt ist, büßt mehr ein als Skonti – unternehmens-intern wie -extern.
Das persönliche Wertebewußtsein der Mitarbeiter ist von den Wertebezügen in einem Unternehmen nicht zu trennen.

Auch *Erfahrungen* haben ihre zwei Seiten, einmal eine rein kognitive: Man hat etwas gesehen, erlebt und seine Schlüsse daraus gezogen; *der Gewinn sind die Schlüsse*, nicht die bloßen Wahrnehmungen. Je mehr sich aus speziellen Erfahrungen allgemeine Schlüsse ziehen lassen, um so größer ist der allgemeine Gewinn.

Erfahrungen, über die wir schon gesprochen hatten, sind Maßstäbe und somit Denk- und damit Problem-Lösungs-Hilfen. Der Gewinn aus Erfahrungen ist um so größer, je kritischer wir auch mit ihnen umgehen, denn sie sollen uns ja helfen, mit dem Neuen, auf das wir täglich stoßen, produktiv und konstruktiv umzugehen.

Verbleibt uns noch über *Prestige* und *Macht* nachzudenken. Keines von beiden ist in sich fragwürdig, und beide können ein Gewinn sein. Sie sind allein danach zu bewerten, wie sie erworben wurden und wie und wozu sie eingesetzt werden. Auch für diese Art von Gewinn ist wieder der Sinn der Maßstab, denn auch im persönlichen Leben ist Gewinn sinnorientiert.

Macht an sich kann jedoch niemals Sinn, sondern immer nur Zweck sein. Selbst wenn es so aussähe, als häufe jemand Macht um der Macht willen an, kann sich der Sinn der Macht nur in dem offenbaren, was der Betreffende damit anfängt. Braucht er sie zu nichts, ist sie auch ‚nichts wert‘. Wenn er sie jedoch zu etwas einsetzt, steckt der Sinn in diesem Etwas und nicht in der Macht, sie ist immer nur Mittel und damit Zweck. Nur dann, wenn sie im Dienste einer auch von anderen anerkannten Aufgabe steht, stellt sie einen Gewinn dar.

Auch Ansehen oder Prestige lassen sich – wie Macht – nur von ihrem Sinn-Bezug her als Gewinn definieren. Nur derjenige, der seinen Einfluß, sein Ansehen, seine materiellen wie intellektuellen Mittel in Übereinstimmung mit seiner Umwelt, in sozialer Akzeptanz, einsetzt, kann all das als Gewinn verbuchen. Einem noch so mächtigen Egoisten oder gar einem Diktator wachsen ‚bestenfalls‘ Verachtung, Furcht oder gar Haß zu. Auch dazu sagt der Sinn das letzte Wort, in dem er das Destruktive und sich letzten Endes gegen den Mächtigen selbst Richtende dieser ‚Zuwächse‘ entlarvt – denn SINN IST IMMER AUCH DER SINN DER ANDEREN.

Zusammenfassung:

Sinn-orientiertes Denken – Systematik des Denkens

1. Einsichten durch das Erkennen grundlegender Unterschiede

Für das Modell der „Sinn-orientierten Unternehmens-*Leitung* und Mitarbeiter-*Führung*" sollen im folgenden Begrifflichkeit und strukturelle Gliederung noch einmal in einer kurzen Systematik zusammengefaßt werden.

Ausgangspunkt für diese moderne Form unternehmerischen Denkens ist ein spezifisches Verständnis vom SINN als der ursprünglichsten und grundlegenden Motivation menschlichen Handelns. Das bedingt eine konsequente Unterscheidung von SINN und ZWECK, womit – wenngleich auch in einer eigenen oder eigenwilligen Interpretation – an systemtheoretisches Denken angeknüpft wird.

Der nächste Schritt führt dann zur Unterscheidung von FÜHREN und LEITEN mit der Zuweisung des personal-motivierenden Handelns an den Bereich der Führung und des sachlich-strukturierenden Handelns an den der Leitung.

Damit sind sach-bezogenes und personen-bezogenes Handeln strikt getrennt, wie es auch die Praxis unmittelbar nahegelegt: das eine ist abhängig von technisch-organisatorischen *Zweck*mäßigkeiten unter den Bedingungen der Kosten-Nutzen-Analyse – das andere von individuellen, zwischenmenschlich nicht austauschbaren *Sinn*-Motiven der Betroffenen.

Zwischen diesen vier Polen.

mit den zuzuordnenden Begriffen

entwickelt sich eine vielfältige Denk-Systematik, die sich an den vorgenannten Unterscheidungen orientiert:

Die Unternehmens-Leitung

definiert im Rahmen ihrer *strategischen* Überlegungen den Unternehmens-SINN als spezifische Dienstleistung des Unternehmens gegenüber den übergeordneten sozialen Systemen ‚Gesellschaft' oder ‚Öffentlichkeit' usw. und verfolgt dessen Verwirklichung durch *operatives* Handeln. Gleichzeitig weist sie den nachgeordneten Unternehmensbereichen diejenigen Aufgaben – als innere unternehmerische ZWECKE – zu, deren Erfüllung die Voraussetzung für die Dienstleistung des Gesamtunternehmens ist. Die nachgeordneten Bereiche stellen zu deren Verwirklichung eigene *taktische* Überlegungen an und realisieren diese in *situativen* (oder *okkasionellen*) Aktionen.

Das strategische Denken hat im Laufe der Zeit, nicht zuletzt unter dem Einfluß systemtheoretischer Überlegungen, einen Wandel vom (unternehmensbezogenen) innengeleiteten zum (markt- oder kundenbezogenen) außengeleiteten Denken erfahren.

Das *taktische* Denken der nachgeordneten Unternehmens*bereiche* stellt gegenüber dem strategischen Denken der Unternehmens*spitze* keineswegs eine mindere Form des Denkens dar, sondern einen Denkansatz eigener Qualität. Ziel des taktischen Denkens in der Wirtschaft ist es nicht zu gewinnen (wie im militärischen Bereich), sondern Gewinne zu machen.

Im Bereich der Mitarbeiter-Führung

– in der Unternehmenspraxis häufig mit Leistungsaufgaben in Personalunion verbunden – ist SINN der Führung die Motivierung der Mitarbeiter im Sinne der Verwirklichung der Dienstleistung des Unternehmens.

Ausgangspunkt der Führungsüberlegungen sind dazu die Sinn-Konzepte der Mitarbeiter, zu deren individueller Verwirklichung Führung in den einzelnen Arbeitssituationen sinnvolle Herausforderungen schaffen muß.

2. Psychologische Grundlagen

Physiologische und psychologische Grundlagen unseres Denkens sind die Abläufe in unserem Zentralnervensystem mit seinen eingeboren-instinkthaften wie selbstbewußt-reflektierenden Funktionen. Dabei er-

180

weist sich unsere ausschnitthafte Wahrnehmung und die angeborene Fähigkeit des Gestaltsehens sowie unser Bedürfnis nach dem Auffinden von Ursache-Wirkung-Beziehungen sowohl als Denk-Hilfe wie als kritisch zu überwachende Einschränkung des Denkens.

Um sinnvoll wahrnehmen und die wahrgenommenen Inhalte auch realitätsgerecht verarbeiten zu können, müssen wir vor allem unsere instinkthaften Wahrnehmungsmuster durch rationale Kontrolle auf ihren Realitätsgehalt hin überprüfen und deren subjektive wie objektive Bedeutung für die Verwirklichung unserer Ziele und Absichten analysieren.

Dabei steht uns eine Fülle von Denk-Methoden zur Verfügung, von denen einige jedoch mehr traditionelle, mitunter geradezu mystische Akzente haben, wie das *intuitive* Denken, dem heute mancher gern mehr vertrauen möchte als seiner Vernunft – verständlich, wenn er mit letzterer keine überzeugenden Ergebnisse erzielen konnte. Auch die eigenen *Erfahrungen* haben ihre Tücken, dann nämlich, wenn man sie wiederum nur als Spiegel seines Selbst und nicht vor dem Hintergrund der Wirklichkeit ,erfährt': vorurteilslos, durch kritischen Umgang mit den täglichen Unwägbarkeiten, durch Hintanstellen der eigenen Wünsche und Erwartungen, bereit und fähig, sich durch das immer wieder Neue herausfordern zu lassen.

Als eine der wesentlichsten Erkenntnisse des modernen Denkens stellt sich das Phänomen der Vernetzung dar. Mancher mag darin zunächst nur eine Vervielfältigung der Ursache-Wirkung-Beziehungen sehen und somit verkennen, daß Vervielfältigung durch Vernetzung nicht selten zu jenem vielzitierten, aber in seinen Folgen nur selten klar erkannten *Umschlagen von Quantität in Qualität* führt: Vernetzung nicht nur als ein *Mehr* an Beziehungen, sondern als das Heraufkommen einer neuen Qualität von *ganz neuartigen* Beziehungen.

Durch vielfältige Wirtschaftskontakte verändern sich die Lebens- und Denkgewohnheiten und nicht selten auch die politischen Beziehungen der Wirtschaftspartner untereinander, aber diese Partner ändern dadurch auch sich selbst. Je mehr wir uns dieser Tatsache bewußt werden, um so wacher wird unsere Aufmerksamkeit, um so sensibler unser Verhalten und um so seltener auch die Fehleinschätzungen von Ursachen und Wirkungen: es gibt keine kleinen Ursachen für manchmal erschreckende Wirkungen – es gibt nur noch ,Ursachen'.

Als Anregung aus dem Systemdenken ist nicht die unwichtigste Erkenntnis die Einsicht in die Fragwürdigkeit *positiver Rückkopplungen* – oder anders ausgedrückt: das Lösen von Problemen auf eben demselben Wege, auf dem man die Probleme erst herbeigeführt hat. Hat das *konstruktive Denken* gezeigt, daß unsere sogenannte Realität in nicht geringem Maße von uns so erst konstruiert wurde und deshalb keinesfalls so real ist, wie wir glauben, so lernen wir durch ein Hinterfragen des *produktiven Denkens,* daß es in erster Linie darauf ankommt, Probleme kritisch auf ihre strukturellen Ausgangsbedingungen hin zu untersuchen, letztere gegebenenfalls umzustrukturieren, um dadurch zu den richtigen Fragen und über diese zu den richtigen Lösungen zu gelangen.

Fazit: Nicht Problem*lösungen* lernen, sondern *lernen, Probleme zu lösen* – intelligent: mit immer *anderen* Ansätzen und auf immer wieder *neuen* Wegen.

In diesem Zusammenhang erweist sich die immer wieder anzutreffende Suche nach ‚Rezepten‘ als vorgefertigte Patentlösungen als besonders fatal; dabei gibt es kaum jemanden, der nicht treuherzig bekundete, daß es solche Lösungen natürlich nicht gebe; die Praxis zeigt jedoch, daß sich das Problemlösungsverhalten einer Mehrheit nach wie vor als ‚die verheimlichte Suche nach dem Patentrezept‘ entpuppt. Dagegen ist nur *ein* Kraut gewachsen: ein Innovationsdenken, das sich des immerwährenden Risikos bewußt ist. Denn in der vermeintlichen Sicherheit des Patentrezeptes spiegelt sich nur die uneingestandene Angst vor dem Risiko wider.

Für den Naiven heißt die Erfolgsformel ‚Zufall‘, für den Realisten heißt sie ‚Wagnis‘.

Das ‚*stereoskopische*‘ Denken schließlich weist darauf hin, jedes Problem von verschiedenen Seiten und von unterschiedlichen Standpunkten aus und nicht zuletzt *paradox – ‚mit den Augen der anderen‘* – zu sehen, nicht nur vordergründig logisch, sondern ‚auf den zweiten Blick‘ sinnvoll und von höherer Weisheit – letzteres als vielleicht wichtigstes Kriterium eines ‚sinn-orientierten Denkens, das charakteristisch sein sollte für eine moderne Unternehmens-*Leitung* wie Mitarbeiter-*Führung.*

Das Gewinn-Denken schließlich gewinnt unter Sinn-Gesichtspunkten einen vielfältigen Bezug, der neben den üblichen materiellen Kriterien auch die ganze Fülle der ideellen Inhalte umfaßt. Dadurch erhält auch das strategische Denken ganze neue Orientierungen, wie sie durch Begriffe wie Unternehmenskultur, ökologische und gesellschaftliche Verantwortung, mitarbeiterorientiertes Denken und anderes mehr gekennzeichnet sind.

Anmerkungen

1 Siehe hierzu Viktor Frankl, Der Mensch auf der Suche nach Sinn, Freiburg 1973

2 Siehe hierzu Frederic Vester, Denken-Lernen-Vergessen, dtv, Stuttgart 1975

3 Furcht als Gefahr – FAZ, Fernando Wassner, Dezember 1989

4 Siehe hierzu Walter Böckmann, Sinn und Selbst. Vom Sinnverständnis zur Selbsterkenntnis, Weinheim 1989

5 Getty – mitgeteilt in PLAYBOY Mitte der sechziger Jahre

6 FAZ am 7.1.1989

7 Phasenübergang – siehe hierzu Hermann Hagen, Erfolgsgeheimnisse der Natur, Berlin 1982, S. 195/196

8 „Unfrisierte Gedanken" in Anlehnung an den bekannten Buchtitel des polnischen Autors Lec

9 Siehe hierzu K. Duncker, Zur Psychologie des produktiven Denkens, Berlin 1935

10 Siehe hierzu Rolf Oerter, Psychologie des Denkens, Donauwörth 1977

11 Siehe hierzu Rolf Oerter, Gestaltpsychologie und Gestaltpsychotherapie – hierzu sei allgemein auf Autoren wie Wertheimer, Köhler, Koffka, Lewing, Metzger und Perls (Therapie) hingewiesen.

12 Siehe Oerter a. a. O.

13 Siehe hierzu Edward deBono, In 15 Tagen Denken lernen, Reinbek 1970

14 Siehe hierzu Bernhard Wagner, Das Unbewußte und Irrationale im Unternehmen: Pläne reichen nicht mehr aus, in Gablers Magazin 2/1989

15 Siehe hierzu Hartmut Bretz, Evolutionäres Rationalitätsverständnis: Die Kultivierung der Intuition, in Gablers Magazin 11/1988

16 Siehe hierzu Walter Böckmann, Botschaft der Urzeit, Düsseldorf 1980, jetzt littera publikationen bielefeld

17 Siehe hierzu Walter Böckmann, Das Sinn-System. Psychotherapie des Erfolgsstrebens und der Mißerfolgsangst, Taschenbuch-Neuausgabe Düsseldorf 1990 unter dem Titel „Lebenserfolg"

18 Siehe hierzu Christoph O. Podak, Unkonventionelle Gedanken über Organisieren und Entscheiden im EDV-Zeitalter, io Management Zeitschrift, 8/1988

19 Siehe hierzu Günter Wöhe, Einführung in die Allgemeine Betriebswirtschaftslehre, München 1973

20 Siehe hierzu Walter Böckmann, Sinn-orientierte Führung als Kunst der Motivation, Landsberg 1985

21 Siehe hierzu Ch. Lattmann, Zur Stellung der strategischen Führung im System der Unternehmenslenkung
    Jan S. Krulis-Randa, Grundsätzliche Überlegungen zur strategischen Führung
    C. Pümpin, Management strategischer Erfolgspositionen
    F. Malik, Strategische Unternehmensführung als Steuerung eines komplexen Systems
    Peter Gomez, Frühwarnung und strategische Unternehmensführung
    A. E. Steinmann, Die Eingliederung des strategischen Managements in das Unternehmen
    alle in Management Forum, Band 5, Wien 1985
    E. Maudrich, Flexibilität als Überlebensstrategie – in io Management Zeitschrift 57/1988, Nr. 9 Zürich

22 Siehe hierzu Seite 129 und Wolfgang H. Staehle, Neue Moral und Unternehmensstrategie, in Gablers Magazin 12/1988

23 Siehe hierzu Walter Böckmann, Psychologie des Heilens, Freiburg 1982, vergriffen, Neuausgabe in Vorbereitung

24 Inge Klingspon-März in Management Wissen 5/1984

25 Siehe hierzu Ziffer 21

26 Ernst Thomke in Management Wissen 5/1985

27 Wickham Skinner in Harvard Business 1/1987

28 Siehe dazu Walter Böckmann, Wer Leistung fordert, muß Sinn bieten! Moderne Führung in Wirtschaft und Gesellschaft, Düsseldorf 1984

29 Lester C. Thurow in DIE ZEIT Nr. 9/ 24.2.1989

Begleitende und weiterführende Literatur von

Walter Böckmann

Lebenserfolg
Der Weg zur Selbsterkenntnis und Sinnerfüllung
ECON-Taschenbuchverlag, Düsseldorf 1990

Wer Leistung fordert, muß Sinn bieten!
Sinn-orientierte Führung in Wirtschaft und Gesellschaft
ECON, Düsseldorf 1984

Sinn-orientierte Leistungsmotivation und Mitarbeiterführung
Enke, Stuttgart 1980

Sinn-orientierte Führung als Kunst der Motivation
Verlag Moderne Industrie, Landsberg 1987

Sinn und Selbst
Vom Sinn-Verständnis zur Selbsterkenntnis
Beltz Verlag, Weinheim 1989

Botschaft der Urzeit
Zur Stammesgeschichte menschlichen Verhaltens
ECON, Düsseldorf 1979, jetzt littera publikationen bielefeld

Der Geist, der Zinsen trägt
Über Miteigentum, Mitverantwortung und Mitrisiko
der Mitarbeiter in der Wirtschaft
ECON, Düsseldorf 1972, jetzt littera publikationen bielefeld

Zu einigen der Buch-Themen führt der Autor auch Seminare durch.
Informationen über das
INSTITUT FÜR PSYCHOLOGIE DER ARBEITSWELT
Dr. W. Böckmann
Ilmenauweg 15
4800 Bielefeld 11

Sachverzeichnis

189

Personenverzeichnis

193